Bettina Limperg | Michael Kißener | Andreas Roth (Hrsg.)

Entsorgung der Vergangenheit?

Die Gedenktafel zur Erinnerung an 34 Reichsgerichtsräte und Reichsanwälte im Bundesgerichtshof

Nomos

Onlineversion
Nomos eLibrary

Die Deutsche Nationalbibliothek verzeichnet diese Publikation in der Deutschen Nationalbibliografie; detaillierte bibliografische Daten sind im Internet über http://dnb.d-nb.de abrufbar.

ISBN 978-3-7560-0242-9 (Print)
ISBN 978-3-7489-3769-2 (ePDF)

1. Auflage 2023

Vorwort

Mit dem Titel „Entsorgung der Vergangenheit?“, unter dem das am 20. Juni 2022 hier im Hause durchgeführte Symposium stand, hat der Bundesgerichtshof einen Bestandteil seiner Geschichte in den Mittelpunkt gerückt, der im wahrsten Sinne des Wortes in Stein gemeißelt ist. Paradigmatisch für den Umgang mit dem Justizunrecht des Nationalsozialismus in der Nachkriegszeit ist die in den Blick genommene Tafel im Palais des Erbgroßherzoglichen Palais, dem Stammsitz des Bundesgerichtshofs seit 1950, Ausdruck einer einseitigen, geschichtsvergessenen Erinnerungskultur, die mit Recht vielfach kritisiert worden ist. Gleichwohl ist sie Teil der Geschichte des Gerichts.

Bei der Frage des Umgangs mit der Tafel sollten keine einsamen Entscheidungen getroffen werden. Vielmehr sollte mich eine vielfältig besetzte Gruppe verschieden involvierter Kreise in der Frage begleiten, wie wir heute mit einem solchen in Stein geronnenen Umstand umgehen können. Das „Tafelprojekt“ steht dabei im Zusammenhang mit einer groß angelegten wissenschaftlichen Forschung zu der unmittelbaren Nachkriegsgeschichte des Bundesgerichtshofs sowohl aus zeithistorischer als auch aus rechtshistorischer Sicht.

Mit diesem Werk soll das Symposium mit seinen Beiträgen zur Diskussion festgehalten werden. Meinen beiden Mitherausgebern, den Herren Professoren Kißener und Roth, gilt mein verbindlicher Dank für die fachliche Begleitung sowie allen Autorinnen und Autoren der Beiträge für die in Schriftform gegossenen nachdenklichen und anregenden Beiträge. Dem NOMOS-Verlag danke ich für die ausgezeichnete redaktionelle Begleitung. Mein ganz besonderer Dank gilt Herrn Vorsitzenden Richter am Bundesgerichtshof Pamp für sein unermüdliches Engagement, seine vielfältige Unterstützung und die nachhaltige Begleitung dieses Projekts, das eine Brücke zwischen Vergangenheit und Zukunft schlagen soll.

Bettina Limperg

ZUM GEDÄCHTNIS DER
34 MITGLIEDER DES
REICHSGERICHTS UND
DER REICHSANWALTSCHAFT
DIE IN DEN JAHREN 1945
UND 1946 IN DEN LAGERN
MÜHLBERG AN DER ELBE
UND BUCHENWALD
UMGEKOMMEN SIND

Der Bundesgerichtshof
EINE GEDENKTAFEL IM WANDEL DER
BEDEUTUNGSZUSCHREIBUNG
1957
1979
2020
ZUM GEDÄCHTNIS DER
34 MITGLIEDER DES
REICHSGERICHTS UND
DER REICHSANWALTSCHAFT
DIE IN DEN JAHREN 1945
UND 1946 IN DEN LAGERN
MÜHLBERG AN DER ELBE
UND BUCHENWALD
UMGEKOMMEN SIND

Inhaltsverzeichnis

Begrüßung[1]

Bettina Limperg
Präsidentin des Bundesgerichtshofs

Stein oder Nicht-Stein, meine sehr geehrten Damen und Herren,

ich begrüße Sie sehr herzlich zu einem Symposium, das eigentlich schon im Juni 2020 hätte stattfinden sollen. Leider hat dann die Corona-Pandemie in den vergangenen zwei Jahren solche Zusammenkünfte in Präsenz mit größerem Teilnehmerkreis ausgeschlossen. Heute ist dieses Symposium die erste teilöffentliche Veranstaltung des Bundesgerichtshofs seit dem Pandemiebeginn. Die immer noch begrenzte Platzsituation hat uns zu einem Stream an interessierte, geladene Gäste bewogen, die ich hiermit ebenso herzlich begrüße wie alle im Saal befindlichen Persönlichkeiten aus nah und fern.

Stein oder nicht Stein...

Etwa ein halbes Jahr nach meinem Amtsantritt 2014 nahm ich auf Einladung des Vorsitzenden des Zentralrats der Sinti und Roma an einer Besichtigung des Dokumentationszentrums in Heidelberg teil. Romani Rose sprach mich dort auf die Wiedergutmachungsrechtsprechung des Bundesgerichtshofs in den Nachkriegsjahren an und auf aus seiner Sicht skandalöse Urteile dieses Gerichts. Ich kannte diese Rechtsprechung nicht und war etwas ungläubig, wie ich gestehen muss. Zurück im Büro beschaffte ich mir die Entscheidungen – und was ich nicht geglaubt hätte und auch nicht geglaubt hatte, es fanden sich dort unentschuldbare Urteile, im doppelten Sinn, betreffend die Opfer des Nationalsozialismus aus der Personengruppe der Sinti und Roma. Ein Jahr später – im Februar 2016 – haben wir ein viel beachtetes Symposium zu der Wiedergutmachungsrechtsprechung des Hauses gemeinsam mit dem Zentralrat hier in diesem Raum abgehalten und damit einen kleinen Teil einer noch ausstehenden Wiedergutmachung und Entschuldigung geleistet.

Im Zuge der intensiven Arbeit an dieser Thematik kam natürlich auch die weitere Nachkriegsgeschichte des Bundesgerichtshofs in den Fokus.

1 Das gesprochene Wort wurde für den Abdruck beibehalten.

Wer waren die Richter, die so urteilten, in welchem Kontext, in welcher gesellschaftlichen Situation wurden die Gesetze und ihre Anwendungen vollzogen? Was hatte es mit der strafrechtlichen Rechtsprechung auf sich, die erst nach dem Fall der Mauer die Kraft fand, durch die Nachkriegsjustiz selbst begangenes Unrecht als Unrecht zu bezeichnen?

Wir befassten uns intensiv mit den Möglichkeiten, die Geschichte aufzuarbeiten. Dabei war mir – aus der eben geschilderten Situation heraus – wichtig, nicht nur über personelle Kontinuitäten zu forschen, sondern den unmittelbaren Bezug zur Rechtsprechung herauszuarbeiten. Denn wenn es möglich war, dass es im Nationalsozialismus zu Perversionen des Rechts gekommen war, wenn es in der DDR Strukturen des Unrechtsstaats unter Beteiligung der Justiz gegeben hatte, wenn es auch unter dem Grundgesetz noch ersichtlich grob missachtende Urteile gegeben hatte – was hieß das, was heißt das auch für unsere eigene Zeit? Welche Ertüchtigung, welche Grundsätze müssen wir an uns selbst und kommende JuristInnen - Generationen anlegen, um solches zu vermeiden, unmöglich zu machen?

Unsere Gedanken und Überlegungen trafen sich mit den heute anwesenden Professoren Kißener und Roth von der Universität Mainz, die – auch schon gemeinsam – an einschlägigen Projekten gearbeitet hatten. Beide hatten bereits Interesse an einer Aufarbeitung der Geschichte des Bundesgerichtshofs signalisiert und so kam es zu einer entsprechenden Vereinbarung. Wie oft bei großen Projekten gab es eine ganze Reihe von Steinen aus dem Weg zu räumen, von Archivfragen über Finanzierungen und andere technische Gegebenheiten. Aber: das Projekt der „Geschichte des BGH 1950 bis 1965" war geboren – und damit auch das Teilprojekt zur Recherche die Tafel betreffend, die in vielfacher Weise ein Sinnbild der damaligen Zeit und ihrer Haltung zur NS-Vergangenheit der Justiz war.

Manchen ging das alles nicht schnell genug. Auch unsere dann angebrachten vorläufigen Erklärtexte neben der Tafel und der heute vorhandene größere Aufsteller – im Einspielfilm zu Beginn dieser Veranstaltung leider nicht zu sehen – waren freilich nur vorläufige Lösungen. Ich bin aber überzeugt, dass es wichtig war und ist, das gesamte Projekt in einen wissenschaftlichen Zusammenhang so einzubetten, dass es nicht als isolierte Geschichte behandelt wird. Denn die Tafel ist, neben allem, was wir heute zu ihrer Geschichte erfahren werden, ihrerseits ein historisches Momentum an einem authentischen Ort geworden.

Dieses Symposium dient auch meiner Beratung. Stein oder nicht Stein? Wie gehen wir mit diesem seinerseits historischen Zeugnis der späten 1950er Jahre um? Reißen wir es heraus und zerstören es gar? Reißen wir es heraus und geben es an einen anderen Ort, zur Lehre von was? Was machen wir dann mit dem Loch in der Wand? Wäre das ein Platz für ein neues Bild, würden wir ein Foto der Tafel anbringen („hier hing bis ...), welche Art von Verantwortung schulden wir denen, die unter den Richtern, derer mit dieser Tafel gedacht wird, gelitten haben oder gar ihrerseits zu Tode gekommen sind? Genügt da ein Aufsteller oder eine Hinweistafel an der Seite? Ich finde diese Fragen nicht einfach zu beantworten und ich möchte das auch nicht alleine und im Stillen tun.

Lassen Sie mich kurz die Mitwirkenden vorstellen, soweit das überhaupt noch erforderlich ist:

Prof. Dr. Michael Kißener

Universitätsprofessor für Zeitgeschichte an der Johannes Gutenberg - Universität Mainz mit den Forschungsschwerpunkten Deutsche Justizgeschichte im 20. Jahrhundert, Nationalsozialismus und Widerstand sowie regionale Zeitgeschichte und zahlreichen Veröffentlichungen zu diesen Bereichen, unter anderem zum Katholizismus und dem „Dritten Reich", über die Badische Richterschaft 1919 bis 1952, über „Rheinhessische Wege in den Nationalsozialismus" sowie Studien über mehrere Unternehmen, Boehringer Ingelheim sowie Merck, gerade auch in der NS-Zeit. Er wird gemeinsam mit Herrn Professor Roth das Werk zur Frühgeschichte des Bundesgerichtshofs schreiben und steht tief in der Arbeit an diesem immensen Projekt.

Prof. Dr. Andreas Roth

Inhaber des Lehrstuhls für Deutsche Rechtsgeschichte und Bürgerliches Recht an der Universität Mainz mit den Forschungsschwerpunkten Familien- und Strafrechtsgeschichte sowie dem Familienrecht, zahlreiche Veröffentlichungen zu entsprechenden Themen. Herr Professor Roth hat etwa über die 125jährige Geschichte der Amtsgerichte im heutigen Rheinland-Pfalz sowie über den Reichstagsbrand gearbeitet, aber auch gemeinsam mit Prof. Kißener beispielsweise zum westfälischen Anwaltsnotariat im Nationalsozialismus. Er ist Mitherausgeber der Reihe „Quellen und Forschungen zur Strafrechtsgeschichte", in der 2021 die bislang neueste Arbeit über den sog. Huppenkothen-Prozess erschienen ist.

Prof. Dr. Peter Steinbach

Emeritierter Historiker und Politikwissenschaftler mit Professuren in Passau, an der FU Berlin, den Universitäten Karlsruhe und Mannheim, heute wissenschaftlicher Leiter der Gedenkstätte Deutscher Widerstand in Berlin.

Herr Professor Steinbach wurde in Fachkreisen als der bedeutendste Widerstandsforscher der letzten Jahrzehnte bezeichnet und ist mit zahlreichen Veröffentlichungen zur Zeit des Nationalsozialismus und eben des Widerstandes hervorgetreten.

Dr. Stefan Donth

Historiker, Politikwissenschaftler und Öffentlichrechtler. Aktuell Leiter Strategie und Zeitzeugenarchiv sowie Vertretung des Vorstands in wissenschaftlichen Fragen in der Stiftung Gedenkstätte Berlin-Hohenschönhausen. Herr Dr. Donth wurde promoviert mit einer Arbeit über die Politik von sowjetischer Militäradministration und SED in Sachsen zur Eingliederung der Flüchtlinge und Vertriebenen von 1945 bis 1952. Er hat in einem Beitrag 2017 dafür plädiert, der Aufarbeitung eine Zukunft zu geben und Gedenkstätten zu stärken.

Den Abschluss der heutigen Veranstaltung wird eine Podiumsdiskussion bilden, für deren Moderation dankenswerterweise Frau Annette von der Heyde die Verantwortung übernommen hat und an der außer Herrn Dr. Donth Frau Dr. Edith Raim, Herr Professor Thomas Dreier sowie Herr Rechtsanwalt Professor Volkert Vorwerk teilnehmen werden.

Annette von der Heyde

Journalistin und Redakteurin sowie Autorin beim ZDF in der Redaktion Zeitgeschichte. Frau von der Heyde hat zahlreiche Arbeiten, insbesondere Dokumentationen, unter dem Label „ZDF-History" verantwortet, zuletzt etwa zum Kriegsverbrecher Albert Speer in den 1970erJahren in den USA, aber auch zum Ersten Weltkrieg oder zu verschiedenen deutschen Adelsgeschlechtern. Kennengelernt habe ich sie als Verantwortliche für eine Dokumentation zu den Sinti und Roma als Teil der deutschen Geschichte, in der auch über die Wiedergutmachungsentscheidungen des Bundesgerichtshofs berichtet wurde, die Anlass des Symposiums 2016 zur Aufarbeitung der NS-Vergangenheit in unserem Hause waren.

Prof. Dr. Thomas Dreier,

Rechtswissenschaftler und Kunstgeschichtler, Leiter des Instituts für Informations- und Wirtschaftsrecht an der Universität Karlsruhe. Herr Professor Dreier hat 2017 im Bundesgerichtshof auf Einladung des Initiativkreises Forum Recht einen brillanten Vortrag zu den „Bildern des Rechts“, zur Ikonographie des Rechts gehalten, er ist auch mittlerweile stellvertretender Vorsitzender des Fördervereines Forum Recht und nicht nur deshalb den Themen der Vermittlung von Recht und Rechtsstaatlichkeit verpflichtet. Die Perspektive der Ikonographie der Tafel, die wir heute beleuchten wollen, scheint Herrn Prof. Dreier deshalb aus ganz unterschiedlichen Perspektiven auf den Leib geschnitten zu sein.

Privatdozentin Dr. Edith Raim

Frau Dr. Raim ist Historikerin, promoviert mit einer Arbeit zu den Dachauer KZ- Außenlagern. 2012 erfolgte ihre Habilitation an der Universität Augsburg mit der Arbeit „Justiz zwischen Diktatur und Demokratie: Wiederaufbau und Ahndung von NS-Verbrechen in Westdeutschland von 1945 bis 1949“, seither dort Privatdozentin für Neuere und Neueste Geschichte; Stationen unter anderem im Haus der Geschichte, dem Institut für Zeitgeschichte, sowie als Senior Fellow am Wiesenthal Institut für Holocaust-Studien.

Frau Dr. Raim hat Veröffentlichungen zu nationalsozialistischen Verbrechen, insbesondere auch zu Konzentrationslagern vorgelegt, zuletzt eine Arbeit zum aufkommenden Nationalsozialismus 1919 bis 1933 in Bayern am Beispiel von Murnau, und ist uns mit all diesen Kompetenzen sehr willkommen.

Prof. Dr. Volkert Vorwerk

Herr Professor Vorwerk ist Rechtsanwalt beim Bundesgerichtshof. Nach dem Studium der Rechtswissenschaften und der Promotion mit einer patentrechtlichen Arbeit war er Leiter der Rechts- und Patentabteilung eines pharmazeutischen Unternehmens, sodann Rechtsanwalt am OLG Celle, um 1995 zum Bundesgerichtshof zu wechseln. Seit 2006 ist er Honorarprofessor an der Leibnitz-Universität Hannover, Institut für Prozessrecht und anwaltsorientierte Ausbildung. Er ist vielfach berufspolitisch aktiv, Experte natürlich aber auch im Zivilprozess mit Schwerpunkten im Bauvertragsrecht, Bank- und Kapitalmarktrecht sowie Gewerblichen Rechtsschutz.

Herr Professor Vorwerk hat sich in besonderer Weise um die Aufarbeitung der Hintergründe der Tafel, insbesondere aber der dort erwähnten Richter und ihrer Rolle im Reichsgericht, verdient gemacht und ist mit der plakativen Forderung, die Tafel gehöre aus der Wand gerissen, durchaus pointiert in der Öffentlichkeit hervorgetreten.

Rüdiger Pamp

Herr Pamp ist Vorsitzender Richter des VII. Zivilsenats und des Dienstgerichts des Bundes, seit 2010 richterliches Mitglied dieses Hauses, zunächst im XI. Zivilsenat, später zugleich auch als Präsidialrichter. In dieser Eigenschaft haben wir gemeinsam nicht nur das Symposium zur Aufarbeitung der verhängnisvollen Rechtsprechung des Bundesgerichtshofs zur Wiedergutmachung an Sinti und Roma wegen NS-Unrecht entwickelt, sondern auch die Anfänge für die Aufarbeitung der Nachkriegsgeschichte des Bundesgerichtshofs bis (zunächst) in die frühen 60er-Jahre und die Aufarbeitung der Genese und Bedeutung der Gedenktafel der heutigen Veranstaltung gemacht. Dankenswerterweise hat Herr Kollege Pamp die Mitorganisation dieser Veranstaltung begleitet und maßgeblich geprägt und wird freundlicherweise auch die Saalmoderation übernehmen.

Nicht im Einzelnen vorstellen kann ich unser *Publikum*, für dessen Anwesenheit und Interesse wir sehr dankbar sind. Sie sind über Diskussionsbeiträge und Kommentare im Anschluss an die jeweiligen Vorträge eingeladen, an der Lösung unseres Falles mitzuwirken.

Namentlich seien unsere Nachbarinnen vom Schloßbezirk, die Richterinnen des Bundesverfassungsgerichts, Frau Professorinnen Dr. Baer, Dr. Britz und Dr. Wallrabenstein, begrüßt. Ich freue mich sehr, dass Sie unsere Veranstaltung bereichern. Ebenso herzlich begrüße ich die Präsidenten bzw. Vizepräsidenten der Oberlandesgerichte Bamberg und Rostock, Schmitt und Ulbrich, hier im Saal, sowie die Präsidentinnen und Präsidenten der Oberlandesgerichte Schleswig-Holstein, Jena, Nürnberg, Koblenz, Hamm, Braunschweig und Zweibrücken sowie des Kammergerichts Berlin, als Vertreterin des Generalbundesanwalts Frau Bundesanwältin Dr. Scheuten hier vor Ort und Herrn Generalbundesanwalt Dr. Frank am Bildschirm, viele Ruheständlerinnen und Ruheständler (wenn man das so sagen darf), darunter Herrn Präsidenten des BGH a.D. Professor Dr. Tolksdorf im Stream, die Herren Richter des Bundesverfassungsgerichts a. D. Professor Dr. Gaier und Generalbundesanwalt a.D. Nehm hier im Saal, sowie „last but not least" Herrn Richter am Bundesgerichtshof a. D. Dr. Detlev Fischer, Leiter des rechtshistorischen Museums hier im Hause, Experte für Justizgeschichte in Baden und ein kluger Berater (wir sahen ihn im Film), zahlreiche Kolleginnen und Kollegen des Hauses, Vertreterinnen und Vertreter der Justizpressekonferenz, schließlich auch einen Enkel eines der Richter, deren mit der Tafel gedacht wird, der uns wertvolle Hinweise und Unterlagen überlassen hat, sowie viele weitere Gäste – seien Sie uns alle herzlich willkommen. Ich wünsche uns allen gute Beratungen und einen erkenntnisbringenden Tag.

Ich möchte damit die Bühne freigeben für unseren ersten Vortragenden, Herrn Professor Kißener: Sie haben das Wort.

Von der Last der Tradition

Zur Geschichte einer Gedenktafel für in sowjetischer Haft umgekommene Angehörige des Reichsgerichts im Bundesgerichtshof Karlsruhe

Michael Kißener

Der Anfang der Geschichte jener Gedenktafel, die im Bundesgerichtshof in Karlsruhe bis heute an Richter des Reichsgerichts in Leipzig erinnert, lässt sich sehr genau bestimmen: Sie begann am 11. Oktober 1956, als sich der ehemalige Reichsgerichtsrat Walther Uppenkamp[1] brieflich an den Präsidenten des Bundesgerichtshofs, Hermann Weinkauff[2], mit der Bitte wandte, im Bundesgerichtshof einen Gedenkort für Mitglieder des ehemaligen Reichsgerichts zu schaffen, die vom russischen Geheimdienst NKWD 1945 verhaftet, in mehrere Lager verschleppt und ganz überwiegend dort umgekommen waren. Uppenkamp verwies darauf, dass rund zehn Jahre nach Kriegsende nun doch an vielen Orten der Opfer des Krieges gedacht werde und dies insbesondere für die Angehörigen große Bedeutung habe, wenn, wie in diesem Fall, kein Grab vorhanden sei.[3] Der Bundesgerichtshof schien Uppenkamp, der sich als Sprecher einer 1953/54 gegründeten losen Vereinigung von acht ehemaligen Senatspräsidenten, weit über 50 noch le-

---

1 Walther Uppenkamp (1893–1980) wurde 1932 zum Kammergerichtsrat in Berlin ernannt und war bis 1940 zur Verwendung im Auswärtigen Amt beurlaubt. In Ägypten war er über viele Jahre hinweg einziger deutscher Richter am ägyptischen gemischten Gerichtshof in Kairo. Seit 1935 war Uppenkamp Mitglied der NSDAP und NS-Schulungsleiter der NSDAP-Auslandsorganisation in der Ortsgruppe Kairo. Nach einer militärischen Verwendung als Chef des Kriegsverwaltungsstabes in Serbien wurde er noch im November 1944 zum Reichsgerichtsrat am Reichsgericht in Leipzig ernannt. Seine Personalakten befinden sich im Bundesarchiv (fortan: BA) Lichterfelde, R 3001/78840, 78841, 78842 und R 3002/1870. Über seine Tätigkeit in Ägypten und sein Verhalten gegenüber Juden gibt die Monographie von C. Kasper-Holtkotte, Deutschland in Ägypten. Orientalische Netzwerke, Judenverfolgung und das Leben der Frankfurter Jüdin Mimi Borchardt (2017) Auskunft.

2 Die derzeit noch umfassendste Biographie des ersten Präsidenten des BGH hat D. Herbe, Hermann Weinkauff (1894–1981). Der erste Präsident des Bundesgerichtshofes (2008) vorgelegt.

3 BA Koblenz, B 283/1000312, Uppenkamp an Weinkauff, 11. Oktober 1956.

benden Richtern und drei Reichsanwälten des Reichsgerichts sowie mehrerer direkter Angehöriger dieses Kreises vorstellte, der richtige Ort, weil bei dessen Eröffnung im Oktober 1950 Bundesjustizminister Dehler den Bundesgerichtshof als direkte Fortführung des Leipziger Reichsgerichts in Karlsruhe bezeichnet hatte. Der Staatssekretär im Bundesjustizministerium Walter Strauss hatte 1954 anlässlich einer Feierstunde zu 75 Jahren Reichsgericht sogar kühn behauptet, der neugegründete BGH sei „identisch" mit dem in den Wirren des Zusammenbruchs geschlossenen Reichsgericht.[4]

Weinkauff, selbst ehemaliger Reichsgerichtsrat, und, wie die Badische Abendzeitung bei der Eröffnung des BGH betonte, die „personifizierte Tradition" des Reichsgerichts[5], stand der Idee positiv gegenüber, fragte sechs Tage später bereits beim Bundesjustizministerium an, ob einem solchen Vorhaben etwas entgegenstünde und erfuhr weitere sechs Tage später von Bundesjustizminister Dr. Hans-Joachim von Merkatz, dass auch er eine solche Gedenktafel begrüße.[6] Im Hintergrund entwickelte sich zu dieser Zeit gerade die sog. DDR-„Blutrichterkampagne", in deren Verlauf auch etlichen Karlsruher Richtern eine Verstrickung in das NS-Unrecht nachgewiesen wurde – doch die öffentlich als Propagandaaktion des Ministeriums für Staatssicherheit wahrgenommenen Broschüren beeinflussten die weiteren Geschehnisse nicht.[7]

---

4 C. Fischer, Bundesgerichtshof als Reichsgericht? Zum Aufbau des oberen Bundesgerichtes der ordentlichen Gerichtsbarkeit und zu seiner frühen Zivilrechtsprechung, in: Höchstrichterliche Rechtsprechung in der frühen Bundesrepublik (2015), S. 45. Den Kreis der noch lebenden Reichsgerichtsräte und der Angehörigen der in den NKWD-Lagern umgekommenen Reichsgerichtsräte bezifferte Uppenkamp in BA Koblenz, B 283/1000313, Uppenkamp an Hill, 16. September 1966.

5 H.K., Ein bedeutungsvoller Tag in der Karlsruher Geschichte. Leipzig – Karlsruhe, Tradition in neuer Gestalt, Badische Abendzeitung 235, 9. Oktober 1950.

6 BA Koblenz, B 283/1000312, Weinkauff an BMJ, 17. Oktober 1956; BJM von Merkatz an Weinkauff, 23. Oktober 1956. Hans-Joachim von Merkatz (1905–1982) gehörte zunächst der Deutschen Partei (DP), später der CDU an. Von 1955 bis 1962 amtierte er als Bundesminister für Angelegenheiten des Bundesrates, von 1956 bis 1957 als Bundesjustizminister und von 1960 bis 1961 als Bundesminister für Vertriebene, Flüchtlinge und Kriegsgeschädigte. Zu von Merkatz vgl. H.-S. Strelow, Konservative Politik in der frühen Bundesrepublik. Hans-Joachim von Merkatz (1905–1982), in: Konservative Politiker in Deutschland. Eine Auswahl biographischer Porträts aus zwei Jahrhunderten (1995), S. 315–334; F.-L. Kroll, Merkatz, Hans-Joachim von, in: NDB 17 (1994), S. 142–143.

7 Zur „Blutrichterkampagne" vgl. M. von Miquel, Ahnden oder amnestieren? Westdeutsche Justiz und Vergangenheitspolitik in den sechziger Jahren (2004), S. 28–32; A. Weinke, Die Verfolgung von NS-Tätern im geteilten Deutschland. Vergangenheitsbewältigung 1949-1969 oder: Eine deutsch-deutsche Beziehungsgeschichte im Kalten Krieg (2002), S. 76–82.

Weinkauff betrachtete die Gedenktafel ganz offensichtlich als eine im engsten Sinne innere Angelegenheit der Justiz und wickelte ihre Errichtung rein geschäftsmäßig und ohne irgendeine Beteiligung Uppenkamps und seiner Reichsgerichtsrätegruppe ab. Umgehend schaltete er die beim Umbau des erbgroßherzoglichen Palais, dem Sitz des Bundesgerichtshofes, beauftragten Architekten ein, die im Dezember 1956 und Januar 1957 bereits tätig wurden, eine einfache Muschelkalktafel vorschlugen, anregten, auf die Nennung der vielen Verfolgtennamen zugunsten eines alle umfassenden neutralen Textes zu verzichten, und die nicht ganz unerheblichen Kosten für den BGH kalkulierten. Den Text, so wie er heute noch auf der Tafel zu sehen ist, scheint Weinkauff selbst entworfen zu haben.[8] Jedenfalls teilte er ihn Baudirektor Kölmel am 14. Februar 1957 mit, wobei ihm gleich zwei Fehler unterlaufen sind: Zum einen sprach er von 34 Reichsgerichtsräten, die im Lager Mühlheim umgekommen seien. Dieser Fehler wurde von einem aufmerksamen Mitarbeiter entdeckt und in die richtige Ortsbezeichnung „Mühlberg" korrigiert. Nicht aufgefallen ist, dass vom Lagertod der besagten Reichsgerichtsräte in den Jahren 1945 und 1946 die Rede ist. Tatsächlich sind aber einige der Gemeinten nach dem einzigen Bericht über das Geschehen, dem Erinnerungsbericht des ehemaligen Reichsgerichtsrats August Schäfer, erst nach 1946 umgekommen.[9]

Im März 1957 bekam der Gebrauchsgrafiker Bogislav Groos den Auftrag zur Anfertigung der Tafel, die im Juli 1957 dann fertiggestellt und anschließend im ersten Stock des Palais angebracht wurde. Im August 1957 fragte Uppenkamp nach dem Stand der Dinge und erfuhr zu seiner großen Freude, dass bald schon alles erledigt sei und für Oktober die Einweihung geplant werde.[10]

Zu dieser Einweihung der Gedenktafel am 24. Oktober 1957 wurden die Angehörigen der in den russischen Lagern Umgekommenen allerdings

---

8 BA Koblenz, B 283/1000312, Vermerk Senatspräsident Dr. Moericke, 19. Dezember 1956, Baudirektor Kölmel an Weinkauf, 31. Januar 1957. Die Baukosten wurden auf ca. 4.000 DM veranschlagt.

9 BA Koblenz, B 283/1000312, Weinkauff an Kölmel, 14. Februar 1957; vgl. auch A. Schäfer, Das große Sterben im Reichsgericht, in: DRiZ 35 (1957), S. 249–250. Dieser Text unterscheidet sich in einigen, nicht unwesentlichen Punkten von dem Bericht, den Schäfer an BJM Thomas Dehler geschickt hatte; vgl. BA Koblenz, B 283/1000312, Schäfer an Dehler, 26. Juni 1952.

10 BA Koblenz, B 283/1000312, Kassenanweisung, 21. März 1957, Staatliches Hochbauamt Karlsruhe an Weinkauff, 11. Juli 1957, Uppenkamp an Weinkauff, 8. August 1957, Petersen an Uppenkamp, 1. Oktober 1957.

ebenso wenig eingeladen wie die noch lebenden Mitglieder des Reichsgerichts. Alles sollte im engsten Kreise mit einer ganz kleinen „schlichten Feier" geschehen. Erst auf eine irritierte Nachfrage Uppenkamps hin wurde ihm mitgeteilt, dass die Angehörigen kommen könnten, wenn sie denn wollten, ansonsten man den Betroffenen Fotos der Gedenktafel schicken werde. So fanden sich am 24. Oktober 1957 nach der Teilnehmerliste lediglich 27 Personen, darunter 7 Angehörige der toten Reichsgerichtsräte im ersten Stock des Palais ein, die die Ansprachen des Präsidenten, des Oberbundesanwalts/Generalbundesanwalts Max Güde wie des Vertreters des Bundesjustizministeriums Dr. Joseph Schafheutle hörten.[11]

Präsident Weinkauff hob in seinen Ausführungen – wie wir heute wissen, die tatsächliche Situation durchaus beschönigend – hervor, es hätten sich unter den Umgekommenen „die meisten der Nicht-Parteigenossen am Reichsgericht" befunden und zudem „verschiedene bekannte leidenschaftliche Gegner des nationalsozialistischen Regimes". Sie seien „unschuldige Opfer" des kommunistischen Terrors und „Märtyrer des Unrechts" geworden. Die Tafel selbst wollte er als „Mahn- und Ehrenmal" verstanden wissen. Oberbundesanwalt/Generalbundesanwalt Max Güde, selbst ehemals klarer Gegner des NS-Regimes, thematisierte bemerkenswerterweise die Frage nach Schuld oder Unschuld der Toten sowie ihre Tätigkeit am Reichsgericht gar nicht. In seiner sehr metaphorischen, vieldeutigen Rede sprach er davon, die Toten seien „Mahner an einen Untergang, der der unsre wie der ihre war und ist." Er zeichnete das Gemälde einer düsteren, unheilvollen Zeit, in der man gelebt habe und deren Folgen nach wie vor spürbar seien: „Diese Toten bezeugen uns, dass wir auf einem Vulkan leben, an dessen Ausbruch wir nicht glauben wollten, ja dessen Ausbruch wir nicht wahrhaben wollten, als seine Zeichen – lange vor 1945 – schon feurig am Himmel standen, dessen Ausbruch wir unbegreiflicherweise gerne vergessen möchten." Joseph Schafheutle, selbst ehemals Häftling des NKWD und mittlerweile Ministerialdirigent im Bundesjustizministerium, blendete die NS-Vorgeschichte der 34 Reichsgerichtsräte völlig aus und stufte sie schlicht und vorrangig als eindeutige Opfer des kommunistischen Terrorregimes in Ostdeutschland ein. Sie seien gestorben, weil sie „im Dienste des Rechts standen".[12]

11 BA Koblenz, B 283/1000312, Gästeliste und Anweisungen zu einem Brief an Uppenkamp, 11. Oktober 1957, Anwesenheitsliste, 24. Oktober 1957.

12 Die Texte der Ansprachen in: BA Koblenz, B 283/1000312.

Auch aus dem Kreis der Richter, Bundesanwälte und Rechtsanwälte des BGH waren nur einige wenige zur Feier geladen und gekommen. Für den Vorsitzenden des 5., des Berliner Strafsenates, Werner Sarstedt waren die Dienstaufgaben zu dringlich, als dass er sich auf die lange Reise nach Karlsruhe hätte begeben wollen. Immerhin wollte er zu gleicher Stunde in Berlin eine kleine Gedenkfeier mit den Kollegen abhalten.[13]

Die Presse reagierte auf die Gedenktafel nur mit kleiner, rein sachlicher Berichterstattung.[14] Die wegen ihrer Nichteinladung irritierten Angehörigen waren immerhin vielfach dankbar für die Übersendung von Fotos der Tafel.[15]

Es ist mit großer Wahrscheinlichkeit anzunehmen, dass für Präsident Weinkauff die Angelegenheit damit abgeschlossen war. Doch was er auf den Weg gebracht hatte, war eben doch nicht nur eine kleine, rein interne Angelegenheit, sondern die Tafel stiftete unmittelbar, ob man das nun wollte oder nicht, kollektive Identität. Sie formulierte allein durch ihre Anwesenheit eine kollektive Vergangenheitsdeutung für den Bundesgerichtshof, die bald schon eine gesellschaftliche Dynamik entfaltete, die sich 1957 vermutlich noch keiner der Akteure hatte vorstellen können. Der französische Sozialpsychologe Maurice Halbwachs hat bereits in seinem 1939 erschienenen Werk „La mémoire collective" deutlich machen können, wie sich soziale Gruppen, wie eben hier die Angehörigen der obersten Bundesjustiz, durch eine gemeinsame Form des kommunikativen vergangenheitsorientierten Denkens ihre Erinnerung gleichsam „erschaffen" und damit eine kollektive Identität stiften. Diese mit einer solchen Gedenktafel spezifisch konstruierte Erinnerung an die Vergangenheit ist immer mehr als die Summe von Einzelerinnerungen, sie ist vielmehr eine Vergegenwärtigung der Vergangenheit unter Einschluss der auf diese Vergegenwärtigung einwirkenden Rahmenbedingungen, die selbst natürlich einem zeitlichen

---

13 BA Koblenz, B 283/1000312, Sarstedt an Weinkauff, 14. Oktober 1957.

14 „Opfer und Märtyrer des Unrechts. Eine Gedenktafel wurde am Bundesgerichtshof enthüllt", in: Badische Neueste Nachrichten, 25. Oktober 1957; „34 Märtyrer des Rechts", in: Badische Volkszeitung, 25. Oktober 1957; „Ehrentafel im Bundesgerichtshof", in: Die Rheinpfalz, 26. Oktober 1957; „Gerechtigkeit und Recht müssen siegen!", in: Allgemeine Zeitung Mainz, 28. Oktober 1957; „Gedenktafel für Märtyrer des Rechts", in: Stuttgarter Nachrichten, 25. Oktober 1957; „Gedenken an die Toten des Reichsgerichts", in: Frankfurter Allgemeine Zeitung, 25. Oktober 1957; die FAZ hob hervor, dass Weinkauff betont habe: „der Bundesgerichtshof habe sich zu dieser Gedächtnistafel entschlossen, weil er zusammen mit der Bundesanwaltschaft das Erbe des Reichsgerichtes und der Reichsanwaltschaft wahre".

15 BA Koblenz, B 283/1000312 passim.

Wandel unterworfen sind. Was wir wie erinnern, kann nicht einfach durch eine Tafel ein für alle Male definiert werden, es unterliegt notwendig dem durch ständigen Diskurs initiierten Wandel des kollektiven Erinnerns der Erinnerungsgemeinschaft. Genau dieser Diskurs sollte nun über Jahrzehnte hinweg immer wieder neue Anfragen an das Selbstverständnis des Bundesgerichtshofs, dem die Traditionsfortführung des Leipziger Reichsgerichts ja gleichsam in die Wiege hinein von höchster Stelle aus verordnet worden war, bedingen.[16]

Dabei ging in den 1950er und 1960er Jahren der Versuch, die kollektive Erinnerung des obersten Gerichts in Zivil- und Strafsachen weiter zu entwickeln, ganz eindeutig von jener Interessenvertretung aus, die die Gedenktafel initiiert hatte. Die ehemaligen Reichsgerichtsräte und die Angehörigen der umgekommenen Reichsgerichtsangehörigen unter ihrem Sprecher Walther Uppenkamp betätigten sich gleichsam als eine politische „Pressure Group", die immer neue und stärkere Bekenntnisse zum Reichsgericht und seiner Rechtsprechung auch in der NS-Zeit von den Präsidenten des Bundesgerichtshofes verlangten, die sich diesen Anforderungen nur ungenügend entziehen konnten, weil sie sich doch der Reichsgerichtstradition verpflichtet fühlten, ja nach den Worten, die dem BGH 1950 bei seiner Gründung mit auf den Weg gegeben worden waren, verpflichtet fühlen *sollten*. Die wieder aufgefundenen Bauakten zur Gedenktafel geben davon ein beredtes Zeugnis.

Zwar meldete sich schon im November 1957 ein ungenannter Briefschreiber, der die Selbstentlastung der Reichsgerichtsangehörigen in dieser Gedenktafel erkannte und nach einem Gedenkstein für die Justizopfer von Zwangssterilisation und Euthanasiemorden fragte[17], zwar gab es 1959 in der französischen Presse einen kritischen Hinweis auf hier geehrte Richter, die gemeinsame Sache mit NS-Mördern gemacht hätten[18], doch dies zog keine weiten Kreise. Der Reichsgerichtsrätekreis um Uppenkamp hingegen entwickelte nach einem ersten Treffen im BGH in Karlsruhe 1958[19] allmäh-

16 M. Halbwachs, Das kollektive Gedächtnis (1991); vgl. in diesem Zusammenhang auch A. Assmann, Der lange Schatten der Vergangenheit. Erinnerungskultur und Geschichtspolitik, (2011); E. François, H. Schulze (Hrg.), Deutsche Erinnerungsorte, 3 Bde. (2009).

17 BA Koblenz, B 283/1000312, Anonyme Zuschrift, 10. November 1957.

18 BA Koblenz, B 283/1000312, R.O.A. Revue, Nr. 3, Jg. 1959.

19 BA Koblenz, B 283/1000312, Verfügung, 23. Oktober 1958. Für das Treffen der ehemaligen Reichsgerichtsräte im Bundesgerichtshof sollten 60 Stühle aufgestellt werden.

lich immer weitergehende Ideen, wie die Gedenktafel geschichtspolitisch einzuordnen wäre.

1965 – der Skandal um den 1962 wegen seiner Tätigkeit am Reichsgericht und Mitwirkung an Todesurteilen abgesetzten Generalbundesanwalt Wolfgang Fränkel war noch sehr präsent[20] – erhoben sie die Forderung, neben der Gedenktafel eine Bronzetafel anzubringen, auf der die Namen der 34 Opfer aufgeführt werden sollten, um die angeblich schmerzlich empfundene Anonymität der Gedenktafel aufzuheben.[21] Der seit 1960 amtierende Präsident Bruno Heusinger lehnte dies, ähnlich wie sein Vorgänger, ab und schlug vor, ein Namenbuch der Tafel beizugeben, so wie das schon 1957 angedacht, aber von Weinkauff nie realisiert worden war.[22] Diesen Vorschlag griff Uppenkamp interessiert auf, wollte die Gestaltung dieses Buches aber ganz in die Hand der Angehörigen der in NKWD-Haft Umgekommenen geben, die bestrebt waren, daraus ein prachtvoll gestaltetes Ehrenbuch in aufwändiger Metallkassette zu machen, für die dann eine zu ergänzende Ablagebank vor der Tafel zu schaffen war. Das so geplante Ensemble hatte folglich eine gewisse Ähnlichkeit mit einem Altar. Das Ehrenbuch sollte weit mehr als die Namen der Umgekommenen enthalten: Ergänzende Dokumente wie die Ansprachen bei der Einweihung der Tafel sollten beigegeben, gefallene Mitglieder des Reichsgerichts aufgeführt werden. Auch Reichsanwalt Emil Brettle, bekanntermaßen tief verstrickt in die NS-Strafjustiz, der in amerikanischer Internierung verstorben war, sollte genannt werden[23], und zwar neben dem ehemaligen Reichsgerichtsrat und Widerstandskämpfer Hans von Dohnanyi, der wegen seiner Beteiligung an der Verschwörung vom 20. Juli 1944 hingerichtet worden war.[24] Damit sollte – mehr als offensichtlich – die in den 1960er Jahren steigende Akzeptanz des Widerstands gegen den Nationalsozialismus in der deutschen Gesellschaft gleichsam auch auf jene Justizangehörigen ausstrahlen, deren Verhalten al-

---

20 F. Kießling, C. Safferling, Staatsschutz im Kalten Krieg. Die Bundesanwaltschaft zwischen NS-Vergangenheit, Spiegel-Affäre und RAF (2021), S. 246.

21 BA Koblenz, B 283/1000313, Uppenkamp an Hill, 17. Juli 1965.

22 BA Koblenz, B 283/1000313, Hill an Uppenkamp, 20. und 25. August 1965.

23 Vgl. auch F. Engehausen, Justizbehördliche Erinnerungskultur im Wandel. Eine aus der Zeit gefallene Gedenktafel im Bundesgerichtshof, URL: http://ns-ministerien-bw.de/2018/03/justizbehoerdliche-erinnerungskultur-im-wandel; aufgerufen am 29. Oktober 2022.

24 Zu Dohnanyi vgl. etwa M. Smid, Marikje, Hans von Dohnanyi, Christine Bonhoeffer. Eine Ehe im Widerstand gegen Hitler (2002).

les andere als widerständig gewesen war, und deren Beteiligung am NS-Unrechtssystem nivellieren.[25]

Vor allem aber verlangte die Gruppe um Uppenkamp, dass eine Portraitgalerie von ehemaligen Reichsgerichtspräsidenten, die Präsident Heusinger zu Beginn der 1960er Jahre hatte anschaffen und im ersten Stock des Gebäudes, in räumlicher Nähe zur Gedenktafel aufhängen lassen, durch ein Bild des letzten Präsidenten des Reichsgerichts, Erwin Bumke, ergänzt werde, und zwar direkt neben der Gedenktafel. Auf ein Bild von Bumke aber hatte Heusinger absichtlich verzichtet, mit Rücksicht auf dessen umstrittene Haltung zum Nationalsozialismus. Uppenkamp und mit ihm der bekannte Strafrechtler Fritz Hartung, ehemals am Reichsgericht enger Mitarbeiter Bumkes, wollten davon nichts wissen und verlangten über Jahre hinweg immer wieder und zum Teil in anmaßenden, fordernden Briefwechseln ein solches Portrait, weil das Fehlen Bumkes wie eine stille Anklage gegen die Amtsführung der letzten Richtergeneration am Reichsgericht wirke. Dieser Vorwurf schmerze so sehr, dass die meisten Angehörigen der ehemaligen Reichsgerichtsräte die Gedenktafel aus Protest nicht (mehr) aufsuchen wollten.[26] Es mag dahingestellt sein, inwieweit diese Behauptung eine reale Basis hatte, denn der Besuch zumindest einzelner Angehöriger an der ja nicht öffentlich zugänglichen Tafel ist belegt.

Die Präsidenten Weinkauff, Heusinger und nach ihm Robert Fischer haben auf diesen geschichtspolitischen Druck stets ausweichend, taktierend reagiert. Einerseits wollte man es sich offensichtlich mit den alten Reichgerichtsräten und ihren Angehörigen nicht verderben, andererseits sah man sich zunehmend und bedingt auch durch skandalträchtige Urteile aus dem eigenen Hause in Fragen der Aufarbeitung der NS-Vergangenheit in den 1950er und 1960er Jahren teils massiver öffentlicher Kritik ausgesetzt, die man durch die von Uppenkamp geforderte geschichtspolitische Positionierung nicht noch befeuern wollte. So erklärte Präsident Heusinger Uppenkamp noch in einem Brief vom 23. Dezember 1965 „mit Rücksicht auf die sonstigen Schwierigkeiten, mit denen der BGH fortgesetzt zu kämpfen hat" seinen Wünschen nicht nachkommen zu können.[27] Immerhin bezahlte der

25 BA Koblenz, B 283/1000313, Uppenkamp an Hill, 26. Oktober 1965, Uppenkamp an Hill, 30.1.1966. Die Gestaltung sollte der Tochter des Reichsgerichtsrates Iber übertragen werden, die Graphikerin war.

26 BA Koblenz, B 283/1000313, Uppenkamp an Heusinger, 23. November 1965, Heusinger an Hartung, 23. November 1965, Uppenkamp an Heusinger, 12. Dezember 1965, Heusinger an Uppenkamp, 23. Dezember 1965; Uppenkamp an Hill, 6. März 1966.

27 BA Koblenz, B 283/1000313, Heusinger an Uppenkamp, 23. Dezember 1965.

BGH schließlich die gewünschte Marmorbank unter der Gedenktafel, doch schon bei der Gestaltung des Erinnerungsbuches kam es erneut zum Konflikt. Heusinger lehnte es wegen, wie er es nannte, „Abgrenzungsschwierigkeiten" ab, neben den 34 umgekommenen Reichsgerichtsräten auch gleich den Widerstandskämpfer Dohnanyi aufzuführen und obendrein Emil Brettle in diesem Buch zu ehren. Das aber schaffe, so widersprach Uppenkamp im März 1966 erneut, eine „peinliche, ja schmerzliche Lage". Es bedurfte eines eigenen Krisentreffens beim Präsidenten, um die Situation zu bereinigen: Man beschloss nun gleich zwei Gedenkbücher anzulegen, das eine öffentlich an der Tafel auszulegen, das andere mit ergänzenden Materialien in der Bibliothek des Bundesgerichtshofes zu verwahren.[28]

Wie unerquicklich die Situation im Präsidium des BGH mittlerweile empfunden wurde, mag der Umstand zeigen, dass bei der Übergabe der Bände 1967 weder der Präsident noch der Vizepräsident im Hause waren und auch keine Feier stattfand.[29]

Mit dem Präsidentenwechsel 1968 versuchte Walther Uppenkamp erneut seine geschichtspolitischen Vorstellungen durchzusetzen und verlangte vom neuen Amtsinhaber Robert Fischer 1969 neben einem weiteren Krisentreffen[30], dass alle Reichgerichtspräsidentenportraits im BGH ab-

---

28 BA Koblenz, B 283/1000/313, Uppenkamp an Hill, 6. März 1966, Protokoll des Treffens Uppenkamp, Heusinger, Hill im BGH, 15. März 1966.

29 BA, B 283/1000313, Aktenvermerk 12. Februar 1967. Der hier in Kopie beiliegende Gedenkband für die Auslage bei der Gedenktafel beinhaltete eine Zeichnung des Reichsgerichtsgebäudes in Leipzig, Namen und Biogramme der in den NKWD-Lagern umgekommenen Reichsgerichtsräte, einen Hinweis auf Hans von Dohnanyi, eine Liste ehemaliger Mitarbeiter des Reichsgerichts, die verstorben waren, darunter war auch der Name von Emil Brettle aufgeführt, der Bericht von August Schäfer über das Schicksal der Reichsgerichtsräte in den NKW-Lagern, weitere Erlebnisberichte von Angehörigen, einen Auszug einer Ansprache des Kölner Kardinals Frings, in der er über seinen verstorbenen Bruder, der ebenfalls Mitglied des Reichsgerichts gewesen war, gesprochen hat, die Ansprachen von Hermann Weinkauff, Max Güde und Joseph Schafheutle, die bei der Enthüllung der Gedenktafel gehalten worden sind, eine Ansprache Walther Uppenkamps, die dieser am 17. Oktober 1964 beim 10. Nachkriegstreffen der ehemaligen Angehörigen des Reichsgerichts in Karlsruhe gehalten hatte. Präsident Heusinger hatte sich allerdings in einem Brief an die Witwe des umgekommenen Reichsgerichtsrats Blumenberger vom 7. Dezember 1966, ebd., herzlich für die Übersendung eines Bandes bedankt, der in der Bibliothek aufbewahrt werden sollte. Mit „innerer Bewegung", hieß es da, halte er diesen Band in seinen Händen.

30 BA, B 283/1000313, Uppenkamp an Fischer, 1. Oktober 1969. In dem Brief hieß es, er wolle nach einer „Lösung oder Milderung der Spannung, die durch die Nicht-Anbringung des Bildes von Präsident Bumke gerade an der Gedenkstelle für unsere ‚34' entstanden sind", suchen.

gehängt werden müssten, wenn Bumkes Konterfei nicht direkt bei der Gedenktafel aufgehängt werde.[31] Präsident Fischer, der noch mit seinem Amtsvorgänger Hermann Weinkauff Kontakt suchte, wies die immer weitergehenden Forderungen wortreich zurück und hatte in der Folgezeit nicht wenig damit zu tun, zum einen eine Verunstaltung der Gedenktafel durch Plastikblumen und zum anderen deren auffallende Aufwertung durch sonstigen Blumenschmuck und Kränze, die Angehörige dort ablegten, abzuwehren.[32] Dass sich durch all diese Vorfälle eine weitere Distanzierung des BGH-Präsidiums gegenüber den Vertretern der reichsgerichtlichen Tradition einstellte, mag man schon daran erkennen, dass die Gruppe der ehemaligen Reichgerichtsräte zur Feier des 25jährigen Bestehens des Bundesgerichtshofes 1975 nicht offiziell eingeladen wurde und deren Treffen 1976 in Karlsruhe weder vom Präsidenten noch vom Vizepräsidenten besucht wurde.[33]

Eine echte Zäsur im geschichtspolitischen Umgang mit der Gedenktafel stellte dann 1977 der Beginn der Präsidentschaft von Gerd Pfeiffer sowie das 1979 gefeierte 100jährige Gründungsjubiläum des Reichsgerichts dar. Ausganspunkt war wiederum eine Beschwerde Uppenkamps im Juli 1979, diesmal über den Umgang mit dem Gedenkbuch, das immer nur mit jener aufgeschlagenen Seite in einer mittlerweile aufgestellten Plexiglasvitrine zu sehen sei, die nichts weiter als eine Zeichnung des Leipziger Reichsgerichts und eine Wiederholung des Textes der Gedenktafel zeige. Die Angehörigen empfänden das „Geheimhalten" der Opfernamen „nicht nur als schmerzlich, sondern sogar als verletzend". Er forderte daher nicht nur das zu ändern, sondern erneut, ein Bild Bumkes bei der Gedenktafel aufzuhängen.[34] Das aber lehnte Präsident Pfeiffer nunmehr so entschieden wie keiner vor ihm ab und machte klar, dass er auch die 100-Jahrfeier für das Reichsgericht keineswegs als eine reine, unkritische „Jubelfeier" zu gestalten gedenke. Die Beteiligung der ehemaligen Reichsgerichtsräte daran wollte er reduziert wissen. Den Hintergrund dafür stellte nicht nur eine wesentlich dis-

31 BA, B 283/1000313 Vermerk Chefpräsident Fischer, 20. Oktober 1969.

32 BA, B 283/1000313, Uppenkamp an Fischer, 2. November 1969, Fischer an Uppenkamp, 18. November 1969, Fischer an Weinkauff, o.Dat., Uppenkamp an Fischer, 23. November 1969. Zur Frage des Blumenschmucks vgl. BA B 283/1000314, Fischer an Uppenkamp, 1. März 1973, Uppenkamp an Fischer, 6. März 1973, Vermerk Fischer, 20. Juli 1973.

33 BA, B 283/1000314, Uppenkamp an Fischer, 1. Februar 1976 und Schriftwechsel zum Treffen der Reichsgerichtsräte 1976 passim.

34 BA, B 283/1000314, Uppenkamp an Pfeiffer, 8. Juli 1979.

tanziertere Auffassung des neuen Präsidenten vom Reichsgericht dar, sondern auch die im Umfeld des Reichsgerichtsjubiläums sich häufenden kritischen Nachfragen zur Gedenktafel. Ein Artikel in der Zeitschrift „Stern" vom 13. September 1979 hatte sich nämlich sehr kritisch zur Rechtsprechung der mit der Tafel geehrten Reichsgerichtsräte geäußert und insbesondere ihre Beteiligung an der sogenannten Rassenschandejudikatur der NS-Zeit hervorgehoben.[35] Auch eine peinliche Anfrage aus dem Ausland war eingelaufen, in der u.a. nachgefragt wurde, wo denn eigentlich im Bundesgerichtshof der aus rassischen Gründen dienstentlassenen Reichsgerichtsräte gedacht werde.[36] Pfeiffer nutzte nun seine Jubiläumsansprache dazu, differenziert die Leistungen des Reichsgerichts zu würdigen, zugleich aber auch dessen regimestützende Haltung im Nationalsozialismus als Schande für die deutsche Justiz zu kritisieren. Mehr noch: Ganz am Ende seiner langen Rede sprach er kurz auch die Gedenktafel im Bundesgerichtshof an und gab ihr kurzerhand eine völlig neue Bedeutung: Sie könne nicht mehr als Ehrentafel verstanden werden, sondern sei fortan als ein Mahnmal dafür zu sehen, dass „niemand das Recht hat, Menschen aus Rücksicht auf individuelle Schuld und ohne gerichtliches Verfahren allein deshalb, weil sie einer bestimmten Gruppe oder Institution angehört haben, in einem Lager zu Tode zu bringen."[37] Einen Kranz, den die Gruppe der Reichsgerichtsräte an der Gedenktafel aus Anlass des Jubiläums hatte niederlegen lassen, ließ er entfernen, weil die daran angebrachte Schleife mit der Aufschrift „Allen unseren Toten 1879–1979" den Eindruck erwecken könne, der BGH wolle mit dieser Tafel auch diejenigen ehren, „die schwere Schuld auf sich geladen hätten." Die Reichgerichtsräte um Uppenkamp machte das „tief betroffen", und sie forderten „Richterstolz vor Pressethronen". Auch ein „Waldheim-Kameradschaftskreis" beschwerte sich. Die von der SED-Willkürjustiz in der DDR Betroffenen in den berüchtigten Wald-

35 BA, B 283/1000314, Pfeiffer an Uppenkamp, 1. August 1979. U. Behringer, „Deutsches Blut und deutsche Ehre". Im Bundesgerichtshof von Karlsruhe hängt noch immer eine Gedenktafel für Nazi-Richter, Stern, 13. September 1979.

36 BA, B 283/1000314, Georges Raymond an Pfeiffer, 14. September 1979.

37 BA, B 283/1000314 Pfeiffer an G. Reymond, 26. September 1979. Diese Neuinterpretation der Gedenktafel nahezu wortgleich dann auch in der Gedenkrede zum 100. Gründungstag des Reichsgerichtes: G. Pfeiffer, Das Reichsgericht und seine Rechtsprechung, in: DRiZ 57 (1979), S. 325–332.

heimer Schauprozessen wollten wissen, dass die auf der Gedenktafel Geehrten „geistig überragende Menschen“ gewesen seien.[38]

Die von Pfeiffer kurzerhand vorgenommene Umdeutung sollte freilich das eigentliche geschichtspolitische Problem nicht lösen – die Gedenktafel und ihr Text stellten den Bundesgerichtshof für jeden Betrachter nach wie vor in die zwiespältige Tradition des Reichsgerichts. Und das wurde nach dem Stern-Artikel 1979 in den folgenden Jahrzehnten immer wieder in kritischen Presseveröffentlichungen, aber auch in wissenschaftlicher Literatur thematisiert.[39] Da auch er sich offensichtlich nicht zur Entfernung der Gedenktafel entschließen konnte, versuchte Präsident Pfeiffer in der Folgezeit, die etablierte Traditionslinie zu modifizieren, indem er 1979 ein Bild des ersten Präsidenten des Reichsgerichts, des auch politisch bedeutsamen Eduard von Simson[40], im Plenarsaal aufhängen ließ und 1985 eine große Gedenkfeier zum 175. Geburtstag von Simson ausrichtete, die von der gesamten politischen Prominenz aus Bonn besucht wurde. Auf ihn, den auch im Nationalsozialismus wegen seiner jüdischen Herkunft verfemten ersten Präsidenten, und die Leistungen der Gründungszeit des Reichsgerichts wollte sich der Bundesgerichtshof fortan beziehen und Distanz zur wenig rühmlichen Phase zwischen 1933 und 1945 schaffen. Eine schon früher angeschaffte Bronzebüste im Eingangsbereich des Palais sollte dies für jeden deutlich machen.[41]

---

38 BA, B 283/1000314, Uppenkamp an Pfeiffer, 15. Februar 1980, Pfeiffer an Uppenkamp, 19. März 1980, Uppenkamp an Pfeiffer, 26. März 1980, Fritz Göhler, Waldheim-Kameradschaftskreis an Pfeiffer, 3. April 1980.

39 Vgl. beispielhaft F. Kaul, Geschichte des Reichsgerichts, Bd. 4 (1971), S. 240,269; E. Ankermann, Spätes Gedenken, späte Mahnung. Gedanken zur Aufstellung eines Mahnmals für die Opfer der NS-Justiz im Bundesgerichtshof, in: DRiZ 68 (1990), S. 54–57; I. Müller, Kein Grund zur Nostalgie. Das Reichsgericht, in: Betrifft Justiz 65, März 2001, S. 12–18; N. Gross, Erinnerungsorte des Bundesgerichtshofs, in: Festschrift für Wolfgang Schlick zum 65. Geburtstag (2017), S. 495–506; V. Vorwerk, Warum hängt diese Tafel noch im Bundesgerichtshof?, in: Die ZEIT, 7. Februar 2018.

40 Eduard (von) Simson (1810–1899), Sohn jüdischer Eltern, Mitglied der Frankfurter Nationalversammlung, zeitweilig deren Präsident, 1850 Präsident des Erfurter Unionsparlaments, 1867–73 Präsident des Parlaments des Norddeutschen Bundes bzw. des Reichstages, 1879 erster Präsident des Reichsgerichtes in Leipzig; vgl. B.-R. Kern, K.-P. Schroeder (Hrg.), Eduard von Simson (1810–1899). „Chorführer“ der Deutschen und erster Präsident des Reichsgerichts (2001).

41 Gross (wie Fn. 39), S. 500–501; „Symbolfigur für das Streben nach Einheit und Freiheit. Politische Prominenz aus Bonn kam zur Gedenkfeier zum 175. Geburtstag“ in die „Residenz des Rechts“, in: Badische Neueste Nachrichten, 11. November 1985.

Damit nicht genug: 1990 wurde vom Bundesjustizministerium eine Anregung aufgegriffen, die der Vorsitzende der Weiße-Rose-Stiftung Franz J. Müller formuliert hatte, und eine 2,4 Meter hohe vergoldete Metallstele von Otl Aicher[42] geschaffen, die in der Nähe des Simson-Bronzekopfes im Eingangsbereich des Bundesgerichtshofes aufgestellt wurde und an die Opfer der NS-Unrechtsjustiz erinnert. Sie stellt seitdem gleichsam einen Kontrapunkt zur Gedenktafel im ersten Stock dar, zergliedert die erinnerungskulturelle Situation im erbgroßherzoglichen Palais jedoch auffällig.[43]

Zu einem offenen Bruch mit der 1957 durch die Gedenktafel begründeten Traditionslinie, gar zu ihrer Entfernung konnte sich bislang kein Präsident entschließen, selbst nicht, als in den 1990er Jahren die Ahnengalerie der Reichsgerichtspräsidenten aus dem ersten Stock im Zuge von Umbaumaßnahmen entfernt wurde oder im Jahre 2000 größere Renovierungsarbeiten einen Rückbau der Marmorbank und der Gedenkbuchvitrine mit sich brachten, die seitdem im Rechtshistorischen Museum lagert.[44] Die Diskussion um die Gedenktafel lief beständig weiter, nicht zuletzt, weil sich auch am Berliner Kammergericht, viele Jahre Sitz des 5. BGH-Strafsenats, ähnliche Problemlagen einstellten, wo verschiedene Initiatoren mit Tafeln an Opfer der NS-Unrechtsjustiz erinnern wollten.[45] Die Karlsruher Gedenktafel wurde so immer wieder auch Teil eines umfassenderen geschichtspolitischen Diskurses, der den Bundesgerichtshof bis heute vor die Frage stellt, wie und wo er sich in der erinnerungskulturellen Debatte von heute verorten soll.

42 Zur Verbindung des Künstlers Otl Aicher mit dem Widerstand der Weißen Rose vgl. B. Schüler, „Im Geiste der Gemordeten ...“: Die „Weiße Rose“ und ihre Wirkung in der Nachkriegszeit, (2000), S. 266–473.

43 Gross (wie Fn. 39), S. 504, Ankermann (wie Fn. 39), S. 55–57.

44 Gross (wie Fn. 39), S. 499; BGH Karlsruhe, Registratur, Sammelakten Bauangelegenheiten, Gedenktafel Bd. 5, Aktenvermerk Präsidium, 27. September 2004.

45 BGH Karlsruhe, Registratur, Sammelakten Bauangelegenheiten, Gedenktafel, Bde. 4 und 5, passim.

Beteiligung der 32 Reichsgerichtsräte an der nationalsozialistisch gefärbten Rechtsprechung des Reichsgerichts*

Andreas Roth

1 Einleitung

„Es ist besser, Unrecht zu erleiden als Unrecht zu tun.“ Dieser dem Sokrates in den Mund gelegte Satz[1] zieht seine Pointe aus einem Vergleich auf einer ethischen Ebene und erzeugt die gewünschte Nachdenklichkeit beim Leser dadurch, dass in ein und derselben Person Recht und Unrecht zusammenkommen kann, ein Phänomen, das ja auch auf die Reichsgerichtsräte zutrifft. Der Philosoph kann solche Gedanken anstellen, die Ethik muss es sogar. Dem Juristen sind solche Überlegungen indes verwehrt, er muss jede Tat gesondert beurteilen, ohne eine Verrechnung vornehmen zu können. Im Folgenden geht es rein juristisch (und insoweit einseitig) um die Rechtsprechung der auf der Tafel erinnerten Reichsgerichtsräte, ohne dass das ihnen widerfahrene Unrecht dadurch in irgendeiner Weise geschmälert werden soll.

Werfen wir einen kurzen Blick auf den Personenkreis[2]: Aus dem personenbezogenen Schriftgut ergeben sich auf den ersten Blick keine Anhaltspunkte für die Tatsache, dass sich unter den 34 Reichsgerichtsräten und

* Die Rechtsprechung des hier in Rede stehenden Personenkreises ist sowohl im Bereich des Strafrechts wie des Zivilrechts erhalten geblieben. Sie liegt z.T. in gedruckter Form vor (dann sind die Richter allerdings in der Regel nicht namentlich genannt), im Übrigen sind die Urteile in ungedruckter Form in der Bibliothek des BGH vorhanden. Die Überlieferung ist in den einzelnen Senaten unterschiedlich, im Strafrecht findet sich eine Vielzahl von Entscheidungen zur sog. „Rassenschande“ (über 300 Entscheidungen) sowie eine große Anzahl von Todesurteilen nach Sondergesetzen. Im Zivilrecht ist die Überlieferung heterogener, aber für jeden Senat sind Urteile vorhanden für die Zeit, in der Personen mitgewirkt haben, an die auf der Tafel erinnert wird (im 4. Senat ca. 3000, in anderen Senaten nur ein paar hundert).

1 Plato, Gorgias, (übersetzt von J. Dalfen), 2014, 474 b (S. 35).

2 Die Namen der Richter, die auf der Gedenktafel angesprochen werden, sind genannt in dem Beitrag des ebenfalls verhafteten Reichsgerichtsrats August Schäfer, der die Haft als einer der wenigen überlebt hat: Das große Sterben im Reichsgericht, in DRiZ 1957, 249 f.

Reichsanwälten „leidenschaftliche Gegner der NS-Regimes befanden“, wie der erste BGH-Präsident Hermann Weinkauff es ausdrückte[3], erst recht nicht für eine aktive Widerstandstätigkeit. Auch erstaunt seine Behauptung, dass sich unter den verhafteten Reichsgerichtsräten die „meisten Nicht-Parteigenossen am Reichsgericht“ befunden hätten. Demgegenüber zeigt schon ein rascher Einblick in die Personalakten[4], dass von den 34 Verhafteten 23 Mitglieder der NSDAP waren. Davon zu unterscheiden ist die Tätigkeit in Gliederungen und angeschlossenen Verbänden der NSDAP, die praktisch immer gegeben war. Dabei gilt es zu beachten, dass z.B. eine fördernde Mitgliedschaft in der SS, wie sie unter anderem bei Johannes Floegel, Hans Georg Neumerkel oder Ernst Eduard Rittweger belegt ist, eine andere Bewertung erfahren muss als etwa die quasi obligatorische Mitgliedschaft im Nationalsozialistischen Rechtswahrerbund (NSRB). Aber hier soll es nicht um die persönliche Haltung der Richter zum Nationalsozialismus gehen, sondern um ihre Beteiligung an der Rechtsprechung in diesen Jahren, die freilich ihrerseits Rückschlüsse auf deren politische Einstellung zulässt.

Wegen der großen Zahl an Urteilen, an denen mindestens einer der Richter beteiligt war, konnte eine vollständige Auswertung nicht erfolgen, sondern es musste eine Auswahl getroffen werden. Die Selektion erfolgte nach der besonderen Nähe der Judikate zur nationalsozialistischen Ideologie, beispielsweise wurden bei den Strafsenaten Entscheidungen wegen Verstoßes gegen das Blutschutzgesetz sowie Todesurteile wegen Verstoßes gegen spezielle NS-Gesetze ausgesucht. Da es sich um Kollegialentscheidungen handelt, ist es nicht möglich und in diesem Vortrag auch nicht intendiert, eine individuelle Schuld einzelner Richter festzustellen. Insoweit kann nur aufgrund der Mitwirkung an entsprechenden Entscheidungen eine Beteiligung am Unrecht nachgewiesen werden, die im Folgenden als „Verstrickung“ oder „Belastung“ bezeichnet wird.[5]

---

3 Weinkauff in seiner Rede zur Einweihung der Gedenktafel am 24.10.1957 (abgedruckt in NJW 1957, 1869).

4 Die meisten Personalakten finden sich im Bundesarchiv Lichterfelde (Reichsjustizministerium Bestand R 3001 und Bestand Reichsgericht R 3002).

5 Im Folgenden werden nur Urteile zitiert, an denen zumindest einer der Richter mitgewirkt hat, die auf der Tafel angesprochen sind.

2. Die Zivilsenate

Für den *1. Senat*, der vor allem für Handels- und Patentsachen zuständig war, fanden sich keine Urteile, die ideologische Auffälligkeiten zeigten, so dass Dr. Leo Brandenburg, der diesem Senat von 1937, dem Jahr, als er an das Reichsgericht kam, bis 1945 angehörte, nach den hier ausgewerteten Quellen nicht „belastet" ist.[6]

Die Rechtsprechung des *2. Zivilsenats* (betrifft Dr. Johannes Dinter, Dr. Artur Köllensperger, Heinrich Frings, Dr. Hans Neumerkel, Werner Schulze, Bruno Schuster) ist in einem kleinen Bereich nationalsozialistisch gefärbt gewesen, eine antisemitische Haltung des Senats bzw. der Richter kommt in der Rechtsprechung in einzelnen Entscheidungen zum Ausdruck. Doch finden sich auch Urteile, in denen die jüdische Partei obsiegte, etwa bei der Klage einer Witwe eines jüdischen Arztes aus einem Gesellschaftsvertrag[7], ebenso bei der Klage eines jüdischen Brauereidirektors, dessen Ruhegehalt nicht weiter gezahlt wurde.[8] In beiden Entscheidungen weigerte sich das Reichsgericht, die Verordnung zur Ausschaltung der Juden aus dem Wirtschaftsleben vom 12.11.1938[9] rückwirkend auf vorhergehende Zeiten anzuwenden. Sowohl bei einem Boykottaufruf gegenüber dem jüdischen Geschäftsführer einer GmbH[10] als auch einer Verunglimpfung eines jüdischen Geschäftsmannes durch seinen arischen Konkurrenten obsiegte jeweils die jüdische Partei.[11] Und die Zulässigkeit des 1927 erfolgten Verkaufs einer Arztpraxis, die angezweifelt wurde wegen angeblicher Sittenwidrigkeit des Rechtsgeschäfts, beurteilte der Senat im Jahr 1937 nicht nach der neueren nationalsozialistischen Auffassung, sondern nach der Situation zum Zeitpunkt des Verkaufs, als dieser nicht als sittlich anstößig empfunden worden sei.[12]

Auf der anderen Seite hat der Senat ab Ende der 1930er/Anfang der 1940er Jahre durchaus Auffassungen vertreten, die der nationalsozialistischen Ideologie entsprechen. Zwiespältig ist ein Urteil von Februar 1939 zu beurteilen: Die von einem Unternehmer aufgestellte Behauptung, es

6 Brandenburg war allerdings 1933 in die NSDAP eingetreten.

7 RG Urteil vom 9.3.1937, II 214/1936 (Schulze).

8 RG Urteil vom 24.4.1940, II 169/1939; ähnlich 24.4.1940, II 1/1940 (Neumerkel, Schuster, Schulze).

9 RGBl I 1938, S. 1580.

10 RG Urteil vom 15.10.1938, II ZR 44/1938 (Neumerkel, Schulze).

11 RG Urteil vom 10.11.1936, II 72/1936 (Neumerkel).

12 RG Urteil vom 8.1.1937, II 126/1936 (Schulze).

herrsche in einem konkurrierenden Betrieb jüdischer Einfluss, weil in ihr ein Vorstandsmitglied Halbjude war, wurde zwar als wettbewerbswidrig eingeordnet, allerdings nur mit der Begründung, dass zwischen Halbjuden und Juden differenziert werden müsse.[13] Schon hier deuten sich bereits starke antisemitische Ressentiments an, denn grundsätzlich seien „aufklärende“ Hinweise eines Konkurrenten auf die Rassenzugehörigkeit des Vertragspartners/Konkurrenten mit dem UWG vereinbar[14]: „*Nach heutigem Volksbewußtsein ist freilich ein Hinweis auf die Zugehörigkeit eines Mitbewerbers zum Judentum oder auf den jüdischen Charakter eines gewerblichen Unternehmens zulässig und auch bei gleichzeitiger Verfolgung wettbewerblicher Zwecke nicht ohne weiteres sittenwidrig, wenn damit dem Bedürfnis des Publikums gedient wird, über die jüdische Rassezugehörigkeit aufgeklärt zu werden, denn das deutsche Publikum lehnt es ab, mit einem Juden in geschäftliche Verbindung zu treten oder eine solche aufrechtzuerhalten, wenn er sie in Unkenntnis der jüdischen Rassezugehörigkeit des anderen Teils eingegangen ist.*“

Zwei Jahre danach meinte der Senat, die Kündigung gegenüber einem jüdischen Gesellschafter sei zwar nicht schon wegen seiner „Rasse“ zulässig, wohl aber wegen der wirtschaftlichen Auswirkungen dieser „Eigenschaft“[15], und noch einmal zwei Jahre später wird die Fortführung einer Gesellschaft mit einem jüdischen Gesellschafter als „untragbar“ bezeichnet und daher eine Kündigung trotz Betonung der „gesellschafterlichen Treuepflicht“ für zulässig erachtet[16]: Nicht berücksichtigt hat das Gericht, dass der Vertrag erst im Jahr 1937 auf 10 Jahre (!) abgeschlossen worden war. Ferner wurde ein Vertragsverhältnis mit einem Konzern, der ein jüdisches Unternehmen erworben hatte, wegen dieser Tatsache als kündbar eingestuft[17]. In allen diesen (und ähnlichen) Entscheidungen wurden die Auswirkungen der

13 RG Urteil vom 4.2.1939, II 156/1938, S. 7 f. (Frings, Neumerkel, Schuster).

14 RG Urteil vom 4.2.1939, II 156/1938, S. 7 (Frings, Neumerkel, Schuster); ähnlich schon RG Urteil vom 30.11.1938, II 106/1938 (Schuster): „Der deutsche Volksgenosse ist dankbar für jeden kameradschaftlichen Hinweis, der ihn vor einem unerwünschten Vertrag mit einem Juden gewahrt.“.

15 RG Urteil vom 3.2.1941, II 62/1940 (beteiligt Dinter, Köllensperger, Neumerkel, Schulze). Auf dem zitierten Urteil findet sich noch der Vermerk „*Soll nicht veröffentlicht werden*“.

16 RG Urteil vom 8.4.1943, II 2/1943 (Neumerkel, Schulze, Köllensperger, Schuster).

17 RG Urteil vom 1.6.1942, II 139/1941 (Neumerkel, Schuster).

judenfeindlichen Gesetze, die im Wirtschaftsrecht existierten, zum Nachteil jüdischer Gewerbetreibender berücksichtigt.[18]

Ebenfalls regimefreundlich (aber wohl gesetzeskonform) war die Entscheidung, mit der für die Verordnung über jüdisches Vermögen von 1939[19] ein weiter Anwendungsbereich hinsichtlich der Genehmigungspflicht für Verträge mit jüdischen Geschäftsinhabern vertreten wurde.[20] Der Senat hat mit dieser Entscheidung den Zweck der „Entjudungspolitik" zu Ende gedacht.

Wenig aussagekräftig sind für unsere Fragestellung die Urteile des *3. Zivilsenats*, weil Dr. Ernst Brandis 1944 bereits nicht mehr in dem Senat tätig war und die untersuchten Entscheidungen aus der Zeit davor nicht „belastet" waren, ein unter dem Vorsitz von Blumberger gefertigtes Urteil gab der Klage einer jüdischen Familie, die mittlerweile im Vereinigten Königreich lebte, statt.[21]

Die Rechtsprechung *des 4. Zivilsenats* (betr. Paul Blumberger, Dr. Herrmann Günther, Dr. Wolfgang Schrutka), der für das Familienrecht zuständig war, ist in weiten Bereichen ideologisch gefärbt gewesen - sowohl in der Sprache als auch in den Ergebnissen. Dies betrifft nicht nur, aber vor allem drei in der Literatur bereits häufiger behandelte Materien: Zum einen die Eheanfechtung wegen Irrtums[22], zum anderen die Ehescheidung (gemäß § 55 EheG)[23] und schließlich - wie auch beim 7. Senat - die Abstammungsklagen.[24]

Eheanfechtungen wegen eines Irrtums waren nach § 1333 BGB a.F. zulässig, soweit sich ein Ehepartner über die persönliche Eigenschaft des ande-

---

18 Zu diesem Thema vgl. auch Andreas Rethmeier, „Nürnberger Rassegesetze" und Entrechtung der Juden im Zivilrecht, Frankfurt/M. [u.a.] 1995, S. 374f.

19 Verordnung des Reichsprotektors für Böhmen und Mähren über das jüdische Vermögen v. 21.6.1939.

20 RG Urteil vom 21.8.1944, II 53/1944 (Dinter, Köllensperger, Neumerkel, Schulze).

21 RG Urteil vom 11.9.1944, III 30/1944 (Blumberger).

22 Vgl. Marius Hetzel, Die Anfechtung der Rassenmischehe in den Jahren 1933–1939. Die Entwicklung der Rechtsprechung im Dritten Reich. Anpassung und Selbstbehauptung der Gerichte, Tübingen 1997. Karl-Heinz Blümel, Die Aufhebung der sog. "Rassenmischehe" im Nationalsozialismus, Regensburg 1999.

23 Hierzu vor allem Kathrin Nahmmacher, Die Rechtsprechung des Reichsgerichts und der Hamburger Gerichte zum Scheidungsgrund des § 55 EheG in den Jahren 1938 bis 1945, Frankfurt/M. [u.a.] 1999.

24 Zu allen drei Themen s. Eva Schumann, Die Reichsgerichtsrechtsprechung in Familiensachen von 1933 –1945, in: 125 Jahre Reichsgericht, hrsg. v. Bernd-Rüdiger Kern u. Adrian Schmidt-Recla, Berlin 2006, S. 171–214.

ren Ehegatten geirrt hatte. In den Voraussetzungen entspricht dies denen des Anfechtungsrechts im Allgemeinen Teil (§ 119 Abs. 2 BGB). In diesem Punkt hat der 4. Senat zunächst den Eigenschaftsbegriff bejaht[25], was hinsichtlich des Merkmals „Rasse" vielleicht noch vertretbar erscheinen mag, tatsächlich ging es aber eigentlich um die (jüdische) Religionszugehörigkeit, die aber kaum eine Eigenschaft der Person sein dürfte.[26] Aber diese war den Beteiligten ja regelmäßig bekannt, ein Irrtum also nicht gegeben. Ein Jahr später deutete der Senat das Tatbestandsmerkmal des Irrtums um: Der Anfechtende habe sich zwar nicht über die Eigenschaft geirrt, aber über deren Bedeutung.[27] Damit hat das RG die Norm weit über seinen bis dahin gültigen Inhalt ausgedehnt, einen Bedeutungsirrtum anerkannt und im Ergebnis bereits den späteren § 37 EheG vorbereitet.[28] Aber schließlich bestand noch das Problem der Anfechtungsfrist von 6 Monaten (§ 1339 BGB a.F.). Die Halbjahresfrist, die ab Kenntnis von dem Irrtum zu laufen begann, war eigentlich in allen Fällen abgelaufen. Eine Hemmung der Frist war gesetzlich vorgesehen nur bei Stillstand der Rechtspflege und höherer Gewalt. Das RG hat die fehlende Erfolgsaussicht einer Klage in der Zeit vor der Machtergreifung dem Stillstand der Rechtspflege gleichgestellt, eine – gelinde gesagt – gewagte Interpretation.[29] Obwohl das Thema mit den Nürnberger Gesetzen eigentlich erledigt war, kamen auch noch später vereinzelt ähnliche Fälle vor, so im Jahr 1938: Ein Mann klagte auf Auflösung seiner Ehe, zuerst im Wege der Scheidung, dann auch mit der Anfechtung, die er damit begründete, dass die Großmutter seiner beklagten Frau Jüdin gewesen war, eine Konstellation, die sogar nach den Nürnberger Gesetzen legal war. Dazu das RG: *„Nicht gebilligt werden kann die Meinung des Berufungsgerichts, die Abstammung von nur einem Großelternteil könne die Anfechtung einer vor 20 Jahren geschlossenen Ehe nicht rechtfertigen. Wenn das Gesetz solche Ehen nicht verbietet, heißt das noch nicht, dass sie rassepolitisch*

---

25 RG Urteil vom 12.7.1934, IV 89/1934 (Günther) = RGZ 145, 1.

26 Der BGB-Gesetzgeber hatte bewusst den Begriff „persönliche Verhältnisse" ausgetauscht gegen „Eigenschaften", um umweltbezogene Faktoren auszuschließen (vgl. Staudinger-Engelmann, BGB-Kommentar, 7./8.Aufl. 1913, § 1333 Anm. 3 b.

27 RG Urteil vom 22.8.1935, IV 128/1935 (Blumberger, Günther): Möglichkeit der Abstammung von einem jüdischen Vater.

28 Bernd Rüthers, Die unbegrenzte Auslegung. Zum Wandel der Privatrechtsordnung im Nationalsozialismus, Heidelberg 1997, S. 159.

29 RG Urteil vom 15.8.1938, IV 65/1938 (Blumberger); RG Urteil vom 12.7.1934, IV 89/1934 (Günther) = RGZ 145, 8.

für unbedenklich anzusehen sind."[30] Dagegen wurde 1/16 *„nichtarische Blutbeimischung"* als möglicherweise irrelevant eingestuft.[31]

In seinen Scheidungsverfahren hat der Senat ebenfalls eine vermeintliche Lücke, die der Gesetzgeber in § 55 EheG offengelassen habe, im Sinne der nationalsozialistischen Ideologie gefüllt.[32] Die Scheidung gegen den Widerspruch des nichtschuldigen Ehegatten war vom nationalsozialistischen Gesetzgeber neu eingeführt worden, aber nur in engen Grenzen. Das Gericht hat das Regel/Ausnahme-Verhältnis umgedreht: Während vorher die Scheidung gegen den Willen des schuldlosen Ehegatten nur ausnahmsweise ausgesprochen werden konnte, wurden nunmehr die öffentlichen Belange stärker gewichtet.[33] Dabei war der Wert „der vom Kläger ins Auge gefaßten neuen Ehe für die Allgemeinheit mit in die Waagschale" zu legen. Einem Scheidungsbegehren war somit stattzugeben, um „ ... *durch Lösung der zerrütteten Ehe Raum zu schaffen für eine andere, den Belangen der Volksgemeinschaft förderlichere Heirat*".[34] Umgekehrt wurde die Scheidung versagt, wenn *„eine neue Heirat des Klägers bei dessen Alter schon damals für die Volksgemeinschaft keinen Wert mehr haben"* konnte.[35]

Auch in Abstammungsfragen hat der Senat praktisch gesetzgeberische Aufgaben wahrgenommen[36]: Denn er hat die in Abstammungssachen eigentlich nicht vorgesehene Feststellungsklage richterrechtlich eingeführt und dann bei der Frage des Feststellungsinteresses auf die „Ariergesetzgebung" im öffentlichen Recht rekurriert. Damit hat er eine Klage gem. § 256 ZPO für zulässig erachtet[37], die vorher zwar rechtspolitisch umstritten, aber vom Gesetzgeber nicht umgesetzt worden war. Hinsichtlich des Feststel-

---

30 RG Urteil vom 2.5.1938, IV 20/1938 (Blumberger, Günther, Hofmann).

31 RG Urteil vom 15.8.1938, IV ZR 65/1938 (Blumberger).

32 Dazu: Christian Heinz Daut, Untersuchungen über den Einfluß nationalsozialistischer Anschauungen auf die Rechtsprechung des Reichsgerichts in Zivilsachen bei der Anwendung einiger nationalsozialistischer Gesetze, Göttingen 1965, S. 124f.; Schumann (wie Fn. 24), S. 190ff.; etwas schwächer: Dieter Niksch, Die sittliche Rechtfertigung des Widerspruchs gegen die Scheidung der zerrütteten Ehe in den Jahren 1938 - 1944, Köln 1990, S. 587, 590 („loyal", „angepasst"); Hetzel äußert ein gewisses Verständnis für die Rechtsprechung unter den damaligen Bedingungen (wie Fn. 22), S. 114.

33 RG Urteil vom 17.4.1939, IV 259/1938 (Günther); RG Urteil vom 16.12.1939, IV 280/1939 (Günther, Schrutka).

34 RG Urteil vom 27.5.1940, IV ZR 630/1939, S. 5 (Blumberger).

35 RG Urteil vom 30.5.1940, IV 471/1939, S. 5 (Blumberger, Schrutka). Der die Scheidung begehrende Ehemann war 59 Jahre alt.

36 Schumann (wie Fn. 24), S. 200 ff.

37 RG Urteil vom 19.12.1938, IV 179/1938 (Blumberger, Günther).

lungsinteresses wurde je nach Parteirolle differenziert: Es wurde „*das Interesse aus der Bedeutung hergeleitet, die die blutmäßige Abstammung durch die Gesetzgebung des Dritten Reiches erhalten hat. Es liegt darin, dass das Blut, das jemand in sich trägt, auf dem Gebiet des öffentlichen Rechts in mancherlei Richtungen von rechtlicher Bedeutung ist.*“[38] Vermögensrechtliche Faktoren wie die Vermeidung von Unterhaltsansprüchen konnten dagegen das Feststellungsinteresse nicht begründen. Und diese Klageart wurde noch weiter durch das RG ausgestaltet. Das Gesetz sah für das Verfahren ausdrücklich die Vorschriften des ordentlichen Verfahrens vor. Stattdessen hat der 4. Senat die Sondervorschriften über das *eheliche* Kindschaftsverfahren mit dem Offizialprinzip herangezogen[39], weil solche Feststellungen in Abstammungsangelegenheiten angeblich im öffentlichen Interesse lagen[40], obwohl dies vorher allgemein abgelehnt worden war und der Senat selbst sagte, dass der Wortlaut der ZPO dem entgegenstehe.[41] Es müsse der Weg zu solchen Entscheidungen gebahnt werden, wie sie die rassen- und bevölkerungspolitischen Belange des Volkes erfordern. Hier bestehe eine Gesetzeslücke, weil die blutmäßige Abstammung vorher bedeutungslos gewesen sei. Zu guter Letzt wurde dann auch die Anwendung von Zwang für zulässig erklärt.[42]

In allen diesen Bereichen wurde letztlich die Gesetzesbindung aufgegeben, obwohl das Gericht das Gegenteil behauptete. Dass aber eine Fortentwicklung des Rechts durchaus dem Selbstverständnis zumindest einzelner Richter des Senats entsprach, beweist folgendes Zitat von Hermann Günther, dem langjährigen Mitglied des 4. Senats, der dessen Rechtsprechung wohl auch entscheidend mitgeprägt haben dürfte[43]:

> „*Daß nicht alle vorhandenen Gesetze alsbald durch neue ersetzt werden konnten, hat dabei nichts zu bedeuten; die alten Gesetze haben über Nacht einen neuen Inhalt bekommen. Deshalb war zugleich die Rechtsprechung vor die große Aufgabe gestellt, dieses neue Recht durchzuführen. Die Größe*

38 RG Urteil vom 19.12.1938, IV 179/1938 (Blumberger, Günther), Zitat auf S. 5.

39 §§ 640 bis 643 ZPO.

40 RG Urteil vom 15.6.1939, IV 256/38 = RGZ 160, 293 (Blumberger, Günther).

41 RG Urteil vom 15.6.1939, IV 256/1938 = RGZ 160, 293, 296 (Blumberger, Günther).

42 RG Urteil vom 24.6.1942, IV 53/1942 (Schrutka).

43 Günther war bereits am 15.7.1933 in den 4. Senat gekommen und wurde am 1.4.1942 dann Senatspräsident des 7. Zivilsenats. Er hat in einigen Aufsätzen zu aktuellen Fragen des Familienrechts Stellung genommen (z.B. in ZAkDR 1937, 330; DRpfl 1938, 291; DRpfl 1938, 163; JW 1938, 1699; ZAkDR 1943, 26.

dieser Aufgabe kann man sich gar nicht gigantisch genug vorstellen. Ohne weiteres war klar, daß die Bindung des RG an die alten Entscheidungen verschwinden mußte; denn sie konnte nicht mehr ein Garant der Rechtseinheit und Rechtssicherheit sein, sondern war zum Hemmnis bei der nötigen Umstellung des RG und des Rechts geworden."[44]

Genau dieses Motto hat das RG dann auch in seiner Rechtsprechung umgesetzt, was die hier aufgeführten Beispiele dokumentieren. Es dürfte mittlerweile eindeutig sein, dass zumindest der Familiensenat selbstbewusst Rechtsfortbildung im nationalsozialistischen Sinne betrieben hat.[45]

Die Überlieferung des *5. Senats*, betreffend das Jahr 1945, in dem Ernst Brandis ihm angehörte, ist sehr dürftig (41 Urteile); es fanden sich keine Belastungen, und auch die Entscheidungen des *6. Senats* sind, soweit ersichtlich, unauffällig, so dass insoweit eine fehlende Verstrickung des Vorsitzenden dieses Senats, Ernst Brandis, festzuhalten ist.[46]

In den Verfahren des *7. Senats* (betr. Heinrich Burmeister, Dr. Friedrich Goedicke, Dr. Franz Kirchengast, Dr. Reinhold Unger) wurden wie beim 2. Senat auch einige Verfahren *zugunsten* der jüdischen Partei entschieden. Der Klage einer nichtjüdischen Witwe, die mit einem jüdischen Arzt verheiratet gewesen war und nunmehr Ansprüche aus der ärztlichen Versorgungskasse geltend machte, die aus dem Vertrag ihres verstorbenen Mannes stammten, wurde stattgegeben. Einen Untergang der Ansprüche aufgrund des Erlöschens der Bestallung jüdischer Ärzte, wie es die Revision vertreten hatte, lehnte der Senat ab, denn es handele sich um einen rein bürgerlich-rechtlichen Vertrag.[47] Auch die Entscheidung über die Klage eines Juden gegen eine Bank war eher judenfreundlich.[48] Und bei der genehmigten „Arisierung" einer Aktiengesellschaft (die sich zu 94 % „in jüdischem Besitz" gefunden hatte) war im Prozess umstritten, ob sich durch die

---

44 Günther ZAkDR 1937, 330.

45 So schon Bernd Rüthers (wie Fn. 28), S. 159: ebenso Eva Schumann (wie Fn. 24), S. 212 f.; Niksch (wie Fn. 32), S. 587 hinsichtlich der Scheidungsverfahren.

46 Brandis hat allerdings 1936 einen Kommentar zu den Nürnberger Gesetzen verfasst: Die Ehegesetze von 1935. Gesetz zum Schutze des deutschen Blutes und deutschen Ehre mit den einschlägigen Vorschriften des neuen Reichsbürgerrechts. Gesetz zum Schutze der Erbgesundheit des deutschen Volkes (Ehegesundheitsgesetz). Weitere Fortschritte der Rechtseinheit in Familiensachen. Mit sämtlichen Durchführungsbestimmungen und Ministerialerlassen für den praktischen Gebrauch des Standesbeamten, Berlin 1936.

47 RG Urteil vom 9.12.1941, VII 56/1940 (Burmeister).

48 RG Urteil vom 16.10.1940, VII 6/1940 (Unger).

„Arisierung" der Charakter des Unternehmens geändert habe, wie die Vorinstanzen meinten, die in diesem Zusammenhang von einer „Selbstbefreiung des Volkes" sprachen.[49] Der Senat argumentierte rein gesellschaftsrechtlich, die Aktiengesellschaft sei keine andere geworden.[50]

Ideologielastig sind allerdings die auch im 7. Senat angefallenen Abstammungsklagen: Meistens wurde bei einer „gemischten" Ehe seitens der Kinder die Abstammung vom jüdischen Vater bestritten, so bei der Klage einer – mittlerweile volljährigen – Tochter gegen ihren jüdischen Vater, der nach Argentinien geflohen war.[51] Zwar kommen diese Vaterschaftsanfechtungen heute genauso vor, jedoch lag ihnen damals oft eine andere Motivation zugrunde, denn die Parteien wollten den „Ariernachweis" erbringen, indem sie eine denkbare jüdische Abstammung ausschlossen. Diese Motive der Parteien kann man dem Gericht natürlich nicht negativ zurechnen, auch sind die Urteile, was die Ergebnisse angeht, rechtlich nachvollziehbar, weil häufig von den Vorinstanzen leichtfertig den Klagen stattgegeben worden war.[52] Gleichwohl kann der Leser sich nicht des Eindrucks erwehren, dass im Hintergrund der nationalsozialistische Rassegedanke mitschwingt. Dies wird mitunter auch vom Senat deutlich ausgedrückt:

> *„Es ist gewiß erforderlich, dem Eindringen jüdischen Blutes in das deutsche Volk durch eine Vertarnung tatsächlicher jüdischer Abstammung vorzubeugen und es ist sicher, daß solchem Eindringen Vorschub geleistet würde, wenn die Rechtsprechung den Behauptungen von Personen, die matrikelmäßig von Juden abstammen, nicht mit größtem Mißtrauen gegenüberstehen würde."*[53]

Auch im *8. Senat,* dem sog. Österreichsenat (betr. Heinrich Burmeister), finden sich entsprechende Abstammungsklagen, und zwar sowohl Anfechtungsklagen als auch Feststellungsklagen, die die Rechtsauffassung des Familiensenats zur Zulässigkeit der Feststellungsklage übernahmen und insoweit der oben geschilderten ideologisch geprägten Rechtsprechung folgten: "*... ist ein Interesse des Kindes an der Feststellung seiner wirklichen*

49 Daraus sollte sich die mögliche Konsequenz ergeben, dass nicht alle Rechte übergegangen sind.

50 RG Urteil vom 21.7.1943, VII 82/1943, S. 6 f. (Burmeister).

51 RG Urteil vom 6.1.1945, VII 209/1944 (Burmeister, Kirchengast).

52 RG Urteil vom 1.12.1943, VII 149/1942 (Kirchengast); RG Urteil vom 10.1.1945, VII 186/1944 (Goedicke); RG Urteil vom 12.2.1945, VII 22/1945 (Kirchengast, Köllensperger).

53 RG Urteil vom 1.12.1943, VII 149/1942, S. 3 (Kirchengast).

Abstammung jedenfalls in den Fällen gegeben, in denen sich die Frage darauf zuspitzt, ob das Kind einen deutschen/artverwandten oder einen jüdischen Erzeuger hat."[54]

3. *Die Strafsenate*

Bei den Strafsenaten sind alle Richter mehr oder weniger in das nationalsozialistische Unrecht verstrickt gewesen. Eine Aufteilung nach Senaten ergibt hier wenig Sinn, weil den Richtern keine Spezialzuständigkeiten zugewiesen waren und sie daher weitgehend in Verfahren mit den gleichen Tatbeständen tätig geworden sind.

a. Urteile wegen sogenannter „Rassenschande"

Fast alle bei den Strafsenaten tätigen Richter haben an einer Reihe von Urteilen wegen Verstoßes gegen das sogenannte Blutschutzgesetz[55] mitgewirkt[56]. Dabei wurde nicht nur das Gesetz buchstäblich angewandt, sondern in einer Vielzahl von Entscheidungen wurde es zum Teil entgegen dem Wortlaut ausgelegt. Bekannt und grundlegend war die Entscheidung des Großen Strafsenats v. 9.12.1936[57], in der im Rahmen des Tatbestandes der Rassenschande der Begriff „Verkehr"[58] ausgelegt wurde. Dieser meinte nach dem Willen des Gesetzgebers den Geschlechtsverkehr, das RG entschied aber, dass er alle beischlaf"ähnlichen" Handlungen umfasse, worauf dann in vielen folgenden Entscheidungen der Tatbestand entsprechend weit verstanden wurde.[59] Das RG bestätigte zum Beispiel Verurteilungen

---

54 RG Urteil vom 6.11.1939, VIII 257/1939 (Burmeister) = RGZ 162, 113.

55 Gesetz vom 15.9.1935 (RGBl I, 1146). Zur Praxis siehe: Alexandra Przyrembel, „Rassenschande". Reinheitsmythos und Vernichtungslegitimation im Nationalsozialismus, Göttingen 2003.

56 Dr. Richard Francke, Dr. Walther Froelich, Alfred Grahn, August Guth, Dr. Hermann Hoffmann, Dr. Artur Köllensperger, Eugen Kamecke, Dr. Hans Iber, Hugo Luschin, Karl Pawelka, Dr. Ernst Rittweger, Gerhard Rusche, Dr. Erich Schultze, Dr. Erhard Ziegler.

57 RG Urteil vom 9.12.1936, 1 D 365/1936 (Hoffmann, Schultze).

58 So das Gesetz in § 1, 5 des Gesetzes zum Schutz des deutschen Blutes und der deutschen Ehre v. 15.9.1935 (RGBl I 1935, 1146).

59 RG Urteil v. 22.1.1937, 4 D 15/1937 (Johannes Floegel) und RG vom 27.9.1938, 4 D 681/1938 (Francke) und viele mehr.

für Oralverkehr[60] oder für Onanie eines jüdischen Mannes bei Gesprächen und Handhalten mit arischen Frauen.[61]

Auch bei der Anwendung des Allgemein Teils (Versuch, Beihilfe, Irrtum) sind bei der Anwendung dieses Straftatbestandes die Grenzen der zulässigen Auslegung erreicht, mitunter sogar überschritten worden.[62] So wurde die reine Aufforderung zum Mundverkehr bereits als Versuch gewertet[63], genauso die Aufforderung eines Hotelgastes gegenüber dem Zimmermädchen, mit ihm aufs Zimmer zu kommen. Obwohl die Frau lachend abwinkte, sei das Versuchsstadium bereits erreicht.[64] In beiden Fällen unterlässt es der Senat zu sagen, inwieweit schon ein unmittelbares Ansetzen zur Tat gegeben ist, im Grunde wird eine Vorverlagerung der Versuchsstrafbarkeit vorgenommen.

Die Strafbarkeit der Begehung durch Unterlassen wurde stark ausgeweitet: Ein Lokomotivführer und seine Frau hatten mit einem befreundeten Paar einen Ausflug unternommen und waren in einem Gasthaus eingekehrt, wo sie auch übernachteten. Dort kann es zu einem Beischlaf der beiden Begleiter, einem jüdischen Mann und einer „arischen" Frau. Angeklagt wurden aber auch der Lokführer und seine Ehefrau, und zwar wegen Beihilfe durch Unterlassen. Sie wurden dann auch tatsächlich verurteilt, weil sie das andere „rasseschänderische" Paar nicht an der Tat gehindert hätten[65]. Problematisch ist an dieser Entscheidung nicht nur die weite Fassung der Beihilfe, sondern auch die knappe Begründung zur Garantenstellung, die sich daraus ergeben soll, dass jeder deutsche Volksgenosse solche Taten zu verhindern habe, womit der Begriff der Garantenstellung fast schon aufgelöst wird.

In einer weiteren Entscheidung wurde der Irrtum über die „Rasse" des Partners, das heißt der Irrtum über ein Tatbestandsmerkmal, nicht vorsatzausschließend bewertet, wie es richtig gewesen wäre, sondern für unbeachtlich gehalten, weil eine Pflicht zur genauen Recherche bestehe.[66] Jeder Volksgenosse müsse sich über die Rasse des anderen informieren,

60 RG Urteil v. 26.9.1941, 6 D 304/1941 (Froelich, Grahn, Köllensberger, Luschin).

61 RG Urteil v. 28.11.1938, 2 D 731/1938 (Rittweger).

62 Vgl. Alexandra Przyrembel (wie Fn. 55), S. 358 ff.

63 RG Urteil vom 26.9.1941, 6 D 330/1941 (Froelich, Köllensperger, Luschin); ähnlich RG v. 5.9.1938, 3 D 646/1938 (Froelich) und RG v. 9.12.1937, 3 D 952/1937 (Froelich).

64 RG Urteil vom 5.1.1939, 5 D 825/1938 (Kamecke, Iber).

65 RG Urteil vom 2.12.1940, 3 D 604/1940 (Pawelka).

66 RG Urteil vom 26.11.1942, 2 D 432/1942 (Hoffmann, Rittweger, Wernecke); RG Urteil vom 1.4.1936, 5/6 D 20/1936 (Kamecke, Iber); RG Urteil vom 2.9.1936, 3 D 445/1936

anderenfalls sei bedingter Vorsatz gegeben. Auch in dieser Entscheidung wird von der bestehenden Dogmatik abgewichen, um eine Strafbarkeit zu konstruieren.

Dass die Strafgerichtsrechtsprechung des Reichsgerichts in diesem Bereich - abgesehen von ihrer rasseideologischen Perversion - auch rechtsdogmatisch nur schwer vertretbar ist, wurde in der Literatur schon häufiger hervorgehoben[67], ja es wird beklagt, hier gehe es nicht nur um unbegrenzte Auslegung, sondern um unbegrenztes Strafen.[68] Für unser Thema ist festzuhalten, dass die auf der Tafel geehrten Reichsgerichtsräte ganz wesentlich an dieser „Blutschutzinstanz“[69] mitgewirkt haben.

b. Todesstrafen wegen Verstoßes gegen Sonderbestimmungen

Bis auf einen Richter haben alle Mitglieder der Strafsenate an (mehreren) Todesurteilen mitgewirkt[70], und zwar in Verfahren, die nicht Kapitaldelikte zum Gegenstand hatten, sondern nicht nur aus heutiger Sicht eher geringfügige Vergehen.[71] Für diese war allerdings, soweit es sich um Verstöße gegen Bestimmungen des nationalsozialistischen Rechts handelte (Kriegssonderstrafrechts-VO, Gewohnheitsverbrecher-VO, Polenstrafrechts-VO), eine Verhängung der Todesstrafe zulässig, wenn ein schwerer Fall vorlag.[72]

Verfahrensrechtlich handelte es sich in vielen Fällen um Nichtigkeitsbeschwerden des Oberreichsanwalts[73], weil dieser die vom Landgericht oder

---

(Froelich); ein Tscheche hatte geglaubt, nicht Arier zu sein (RG Urteil vom 8.12.1942, 1 D 399/1942 - Guth, Schultze, Ziegler).

67 Ausführlich Przyrembel (Anm. 55); s.a. Ingo Müller, Furchtbare Juristen, 1987; S. 105 ff.; Werle, NJW 1995, 1267.

68 Regina Ogorek, Rassenschande und juristische Methodik, KritV 86, 2003, 279.

69 So Gerhard Werle zu diesem Teil der Reichsgerichtsrechtsprechung (NJW 1995, 1267, 1268).

70 Luschin kommt in diesem Zusammenhang nur einmal vor.

71 Vgl. dazu Heiko Weidenthaler, Die Strafsenate des Reichsgerichts von 1933 bis 1945 - Hüter der Gerechtigkeit oder Handlanger des Terrors?, Würzburg 1999, z.B. S. 116ff.

72 Beteiligt waren Francke, Froelich, Grahn, Guth, Hoffmann, Köllensperger, Kamecke, Iber, Pawelka, Rittweger, Rietsch, Rusche, Schultze, Wernecke, Ziegler.

73 Diese Nichtigkeitsbeschwerde war durch Art. 5 der Verordnung über die Zuständigkeit der Strafgerichte, die Sondergerichte und sonstige verfahrensrechtlichen Vorschriften v. 21.2.1940 (RGBl I, S. 405) eingeführt und ihr Anwendungsbereich durch VO v. 13.8.1942 erweitert worden. Sie diente dem Zweck, eine Durchbrechung der Rechtskraft im öffentlichen Interesse zu erreichen, und ging auf ein österreichisches Vorbild zurück (Broichmann, Der außerordentliche Einspruch im Dritten Reich. Ur-

einem Sondergericht verhängte und rechtskräftige (hohe) Freiheitsstrafe für nicht ausreichend hielt. Auf solche Beschwerden hat dann das RG häufig die Strafen in die Todesstrafe umgewandelt.[74] Im Folgenden sind einige Fälle exemplarisch ausgesucht, in denen es gerade nicht um Kapitaldelikte ging.

Was waren die Straftaten, für die das Reichsgericht glaubte, die Todesstrafe verhängen zu müssen? Die meisten Fälle betrafen Diebstahl und Betrug: Ein Gewohnheitsdieb und Betrüger, der mehrfach aus der Strafhaft entwichen und zu fünf Jahren Zuchthaus verurteilt war, wurde vom 3. Senat mit dem Tod bestraft[75], ebenso ein Gewohnheitsdieb, der als uneheliches Kind unter ungünstigen Verhältnissen aufgewachsen war und dann später als Erwachsener unter Einfluss der geistig überlegenen Ehefrau gestanden hatte.[76] Der 4. Senat verhängte die Todesstrafe über einen mehrfachen, noch relativ jungen Fahrraddieb, der erstinstanzlich zu drei Jahren Zuchthaus verurteilt worden war.[77] Ein Bürgermeister, der Bezugsscheine abgegeben und als Gegenleistung Sex verlangt hatte, war vom Sondergericht zu sechs Jahre Zuchthaus verurteilt worden, auch hier verhängte

---

teilsaufhebung durch den Führer, 2014, S. 316 ff.). Mit der Erweiterung im Jahr 1942 konnte auch der Strafausspruch angegriffen werden.

74 Nicht in allen Fällen der Nichtigkeitsbeschwerde wurde das vorinstanzliche Urteil abgewandelt. Es finden sich auch einige Urteile, in denen das Reichsgericht keine Todesstrafe ausgesprochen hat, sondern an das verurteilende Gericht zurückverwies, mit dem Hinweis, dass statt der Freiheitsstrafe, die das Landgericht/Sondergericht verhängt hatte, auch die Todesstrafe in Betracht kommt (RG Urteil vom 24.9.1943, 1 D 318/1943 (Guth, Rusche, Schultze, Ziegler). 4. Senat: Todesstrafe prüfen (RG Urteil vom 2.1.1943, 1 C 28/1943 – Guth, Schultze, Ziegler): Güterwagenräuber erhalten 10 bzw. 6 Jahre (RG Urteil vom 14.7.1944, 1 C 81/1944 – Guth, Rusche, Schultze, Ziegler). Rückfalldiebstahl, mehrjährige Haft (Urteil vom 12.2.1943, 4 C 32/1943 – Francke, Kamecke). Außerdem sind in ein paar Fällen auch Beschwerden zugunsten des Angeklagten ausgegangen. Schließlich gab es auch eine Reihe von Fällen, in denen das Todesurteil der Vorinstanz bestätigt wurde: Gewerbsmäßige Abtreibung in 14 Fällen (RG Urteil vom 24.3.1942, 1 D 92/1942 – Guth, Ziegler); Beihilfe zur Fahnenflucht (RG Urteil vom. 26.10.1942, 2 D 402/1942 (Hoffmann, Wernecke, Rittweger); wiederholter Fahrraddiebstahl (RG Urteil vom 2.10.1942, 4 D 383/1942, Iber, Francke).

75 RG Urteil vom 13.4.1942, 3 C 222/42 (Froelich, Köllensberger, Pawelka); ähnlich RG Urteil vom 15.10.1942, 2 D 392/1942 (Hoffmann, Rittweger, Wernecke).

76 Das Sondergericht hatte 8 Jahre verhängt, RG Urteil vom 3.12.1942, 3 C 142/1942 (Froelich, Köllensberger). Der Einfluss der Ehefrau wurde heruntergespielt, weil der Angeklagte als Mann selbstverständlich die Hauptverantwortung für die Straftaten trage (S. 3 des Urteils).

77 RG Urteil vom 20.11.1942, 4 C 105/1942 (Francke); reuiger Gewohnheitsdieb (RG Urteil vom 5.4.1943, 3 D 96/1943 (Froelich)).

der 2. Senat die Todesstrafe[78], und durch den 1. Senat wurden fünf Jahre Zuchthaus für „Betrügereien in der Art eines Hochstaplers“ ebenfalls zur Todesstrafe abgeändert.[79] In mehreren Fällen waren es eine Reihe von Unterschlagungen, die entsprechend geahndet wurden, etwa bei einem Beamten[80], einer Postfacharbeiterin[81] und auch bei der Unterschlagung von Fleischabfällen durch einen Abdecker.[82]

Erschreckend ist auf der einen Seite die maßlose Anwendung der Todesstrafe, zum anderen sind es die meist wenig differenziert scheinenden Urteilsbegründungen: Denn häufig wurden die vom Landgericht bzw. Sondergericht angeführten Milderungsgründe, mit denen diese die Nichtverhängung der Todesstrafe begründet hatten, für unbeachtlich angesehen.

Bei dem erwähnten jungen Fahrraddieb kritisierte der Senat das Landgericht:

> „*Es hat sie* (die Todesstrafe- der Verf.) *nicht angewendet, weil er kein unverbesserlicher, asozialer Verbrecher sei. ... Er habe auch ein reumütiges Geständnis abgelegt, das nicht nur die ihm vorgehaltenen, sondern auch noch weitere Diebstähle umfaßt habe. Auf Grund dieser Tatsache und weil der Angeklagte als haltloser Psychopath dem Einfluß seiner Geliebten erlegen sei, ist das Landgericht zu der Überzeugung gelangt, er werde durch eine Freiheitsstrafe von seinem Hang zum Verbrechen geheilt und könne schließlich später mit Erfolg wieder in die Volksgemeinschaft eingegliedert werden.*“

All dies seien keine Gründe, von der Todesstrafe abzusehen.

Weitere Beispiele waren eine Mutter, die versucht hatte, ihren Sohn zur Desertion zu beeinflussen; das Sondergericht verurteilte sie zu 5 Jahren und sah einen Milderungsgrund darin, dass die Mutter um ihren Sohn bange. Das sah das Reichsgericht ganz anders und verhängte die Todesstrafe. Das Gleiche geschah bei einem Täter, bei dem die Vorinstanz tätige

---

78 RG Urteil vom 29.10.1942, 2 C 37/1942 (Hoffmann, Rittweger, Dr. Lothar Wernecke, Ebel).

79 RG Urteil vom 4.4.1944, 1 C 2/1944 (Guth, Rusche, Schultze, Ziegler); vgl. auch RG Urteil vom 9.9.1941, 6 D 315/1941 (Froelich, Grahn, Köllensberger, Luschin).

80 RG Urteil vom 22.1.1945, 3 C 422/1944 (Kamecke) und Urteil vom 22.1.1945, 3 C 4 und 6/45 (Kamecke): Unterschlagung von Lebensmittelkarten durch Angestellten des Ernährungsamtes.

81 RG Urteil vom 16.3.1945, 1 C 20/1945 (Rittweger, Schultze, Dr. Fritz Dörffler).

82 RG Urteil vom 19.2.1945, 3 C 7/1945 (Kamecke, Pawelka), Floegel.

Reue, gute Führung sowie die Tatsache, dass der Angeklagte nur für den eigenen Bedarf gestohlen hatte, ins Feld führte.[83]

Und zu den Gründen junges Alter und Besserungsfähigkeit meinte der 1. Senat:

> *„Die vom Landgericht festgestellten entlastenden Umstände, die mit dem noch verhältnismäßig jungen Alter des Angeklagten zusammenhängende Unreife seiner Denkweise, der Leichtsinn, der bei seine früheren und jetzigen Straftaten eine große Rolle gespielt hat, und die Möglichkeit, daß der Angeklagte während einer langjährigen Zuchthausstrafe mit anschließender Sicherungsverwahrung noch gebessert werden könnte, sind nicht geeignet, die Gefährlichkeit des Angeklagten für die Allgemeinheit und die dadurch besonders während des Krieges bedingte Belastung der Volksgemeinschaft durch sein Weiterleben zu mindern."*[84]

Nach dem Gesagten verwundert es nicht, wenn ein Angeklagter, der unter schwierigen Verhältnissen aufgewachsen und von anderen verführt worden sei, ebenfalls keine Gnade vor den Augen der Reichsgerichtsräte fand.[85]

Und noch ein Zitat einer Vorinstanz: *„Wenn er auch gelegentlich gebummelt hat, und sein Geld in leichtsinniger Gesellschaft verjubelt hat, so ist er doch kein Mann, der seinen Lebensunterhalt nur aus Eigentumsdelikten gezogen hat. Er ist willensschwach und bedarf einer kräftigen Hand, die ihn lenkt. ... Es kam dem Angeklagten, wie seine Taten beweisen, ausschließlich darauf an, seine Notlage, in die er durch eigenes Verschulden geraten war, zu beheben. Seine Taten erscheinen somit nicht als besonders schwer. Aus diesen Gründen erfordert auch der Schutz der Volksgemeinschaft nicht die Todesstrafe"*, was der 4. Strafsenat des RG anders sah.[86]

Selbst der Schuldgedanke spielte fast keine Rolle mehr. Verminderte Zurechnungsfähigkeit hinderte die Todesstrafe nicht[87], sogar bei *„erheblichem Schwachsinn mittleren Grades"*,[88]bei dem das Sondergericht meinte, *„der Angeklagte sei so schwachsinnig, daß ihm der Schutz des § 51 Abs. 2 StGB habe zugebilligt werden müssen und daß es zweifelhaft sei, ob er den Sinn seiner früheren Bestrafung wie überhaupt einer Strafe zu begreifen vermöge"*, wurde

83 RG Urteil vom 14.7.1944, 1 C 81/1944 (Rusche, Schultze, Ziegler).
84 RG Urteil vom 4.4.1944, 1 C 2/1944 (Guth, Rusche), Zitat auf S. 4 f. des Urteils.
85 RG Urteil vom 26.1.1945, 1 C 169/1945 (Rusche, Schultze, Doerffler).
86 RG Urteil vom 12.2.1943, 4 C 32/1943 (Kamecke, Francke).
87 RG Urteil vom 30.11.1944, 2 C 120/1944 (Dr. Otto Rietzsch, Wernecke).
88 RG Urteil vom 11.10.1943, 3 C 240/1943, S. 1 (Pawelka).

die 8-jährige Haftstrafe vom 3. Senat unter dem Vorsitz Bumkes in eine Todesstrafe umgewandelt. Begründet wurde die Todesstrafe in diesem Fall mit der Tatsache, dass es wahrscheinlich immer Leute geben werde, die ihn verführten.[89]

Was waren generell die Gründe für die Strafzumessung der Reichsgerichtsräte? Wie schon aus den Beispielen deutlich wird, sollte es auf die individuelle Betrachtung nicht entscheidend ankommen, die individuellen Fakten, die die Land- und Sondergerichte ermittelt hatten, spielten eigentlich kaum eine Rolle. Stattdessen meinte der 2. Senat:

> „*Die Todesstrafe ist zu verhängen, wenn das Sittlichkeitsempfinden und das Gerechtigkeitsgefühl der ihres Volkstums bewußten Volksgemeinschaft verlangt, den Täter aus den Notwendigkeiten unschädlich zu machen, die die Wohlfahrt des deutschen Volkes bedingen*".[90] Häufig wurde auf den im Gesetz erwähnten „Schutz der Volksgemeinschaft" abgestellt: „*Soll der Volksgemeinschaft die Sicherheit gewährt werden, die der Gesetzgeber ihr geben will,* [...so ist der Täter] *dauernd aus der Volksgemeinschaft auszumerzen*".[91]

Und auch die Abschreckung muss als Begründung herhalten: „*Sie* (die Todesstrafe – Verf.) *allein gewährleistet die erforderliche Abschreckung vor ähnlichen Taten.*"[92]

Nun hatten die Vorinstanzen mitunter damit argumentiert, dass der Schutz der „Deutschen Volksgemeinschaft" durch eine Sicherheitsverwahrung ausreichend gewährleistet sei. Dem hielt der 1. Senat entgegen:

> „*Der entscheidende Gesichtspunkt dafür, ob die Sicherungsverwahrung genügt oder ob die Todesstrafe erforderlich ist, kann nicht in dem Schutz als solchem, also in der Verhinderung weiterer Straftaten gefunden werden, sondern entscheidend muß der Wert oder der Unwert der Persönlichkeit des Täters sein, vor dem die Allgemeinheit geschützt werden soll.*"[93]

Nicht die Begehung neuer Straftaten war also die Gefahr, die das RG abwenden wollte, sondern die bloße Existenz der Person. Diese reine Existenz beeinträchtigte nach Ansicht der Richter die Volksgemeinschaft,

---

89 RG Urteil vom 11.10.1943, 3 C 240/1943, S. 4.
90 RG Urteil vom 30.4.1942, 2 D 146/1942, S. 4 (Rittweger, Wernecke, Ziegler).
91 RG Urteil vom 16.11.1942, 2 C 46/1942, Hofmann, Rittweger, Wernecke).
92 RG Urteil vom 4.12.1942, 4 C 48/1942, S. 3 (Francke).
93 RG Urteil vom 8.12.1944, 1 C 174/1944, S. 3 (Hoffmann, Rittweger, Schultze, Ziegler).

egal ob der Täter noch Straftaten begehen wird oder nicht. In den schriftlichen Begründungen für die Ablehnung einer Freiheitsstrafe findet sich meist der pauschale Hinweis darauf, dass es sich um einen gefährlichen Gewohnheitstäter handele[94], dass die im Kriege stehende Volksgemeinschaft geschützt werden müsse oder dass die gemeinschaftsschädliche Gesinnung nur durch die schwerste Strafe als gerechte Sühne angesehen werden könne.[95] Gröber kann man eigentlich kaum argumentieren. Die Voreingenommenheit der Richter dokumentieren sowohl die Ergebnisse als auch die Sprache, was sich selbst in nicht entscheidungsrelevanten Formulierungen zeigt, etwa wenn der 4. Senat einen jüdischen Angeklagten umschreibt: *„Trotz seiner abstammungsmäßigen Zugehörigkeit zu dem Volke, das Deutschland den Kampf um sein Lebenswerk aufgezwungen hat ...“*.[96]

4. Fazit

Ich denke, dass dieser kurze und daher notwendig kursorische Überblick deutlich gemacht hat, dass ein relativ klares Bild existiert. Ein großer Teil der auf der Tafel genannten Richter ist stark in das nationalsozialistische Unrecht verstrickt gewesen, ein kleinerer Teil ist nur mittelmäßig bis wenig belastet und bei nur ganz Wenigen findet sich keine Belastung, was angesichts des unvollständig ausgewerteten Quellenmaterials aber nur eine vorläufige Feststellung sein kann.

---

94 RG Urteil vom 23.6.1944, 1 C 84/1944 Guth, Rusche Ziegler).
95 RG Urteil vom 4.4.1944, 1 C 2/1944 (Guth, Rusche, Ziegler).
96 RG-Urteil vom 12.2.1943, 4 C 32/1943, S. 4 (Kamecke; Francke).

„Erinnern im Jahrhundert der Widersprüche"

Deutsche Erinnerungs- und Gedenkkultur in der Auseinandersetzung mit dem Nationalsozialismus nach 1945*

Peter Steinbach

I.

Vor Jahren fragte mich ein Kollege nach dem Unterschied zwischen einem Historiker und dem Herrgott. Nachdem ich meine Überforderung angesichts dieser Frage und meine Ratlosigkeit eingestanden hatte, verriet er mir: „Der Herrgott beansprucht nicht, dass er die Geschichte rückwirkend ändern könne." Das unterscheidet ihn nicht nur von Historikern, sondern von vielen Zeitgenossen, die bemüht sind, die Vergangenheit rückwirkend zu korrigieren, zumindest Geschichtsbilder zu prägen. Es seien, so sagte er lächelnd, keineswegs nur die Historiker, die sich die Aufgabe zuschreiben, Vergangenheit auf die angeblichen Bedürfnisse und Erwartungen der Gegenwart hin auszurichten. Sondern die Neigung, Vergangenheit zu korrigieren, bezeichne einen weit verbreiteten Trend.

Die Zahl und Intensität geschichtspolitischer Debatten nehmen ersichtlich zu. Straßennamen werden als problematisch empfunden, Gutachten werden vergeben, um zu überprüfen, ob mit ihnen an Menschen erinnert wird, deren Verhalten und deren Wertvorstellungen nicht mehr mit unseren eigenen oder gesellschaftlich akzeptierten übereinstimmen. Diskussionen zielen auf Korrekturen von Geschichtsdeutungen und drängen dabei zunehmend auf die „Besetzung des öffentlichen Raumes."[1] Dabei zeigt sich, dass Geschichts- und gedenkpolitische Debatten nicht durch das Ringen um die historische Wahrheit geprägt sind, sondern dass die Erinnerungs- und Geschichtskultur geformt werden soll. Deshalb wird vehement gestritten um Deutungen, die das öffentliche Bewusstsein und die nach Möglichkeit allgemein verbindliche Wahrnehmung der Vergangenheit prägen sollen.

---

* *Überarbeitete Fassung des Diskussionsbeitrags*

1 Rudolf Jaworski u. Peter Stachel, Hg., Die Besetzung des öffentlichen Raumes: Politische Plätze, Denkmäler und Straßennamen im europäischen Vergleich, Berlin 2007.

Erinnerungen an Menschen und Ereignisse müssen in einer pluralistischen Gesellschaft umstritten sein. Konfessionen, Regionen, Generationen, Schichtungen prägen Erfahrungen und Erwartungen. Geschichte bleibt ein unsubstanzieller Stoff und ist deshalb für Kontroversen besonders prädestiniert, vor allem, wenn sich mit dem Kampf um die Erinnerungen ein politisch-kultureller Anspruch verbindet, Geschichtsdeutungen pädagogisch aufgeladen werden. Die Unterstellung, einem falschen Geschichtsbild zu folgen, drängt auf praktische Konsequenzen, auch, weil mit der Vermutung gearbeitet wird, ein problematisches Geschichtsbild sei für das gegenwärtige Zeitverständnis belastend. So wird sichtbar: Wenn es um Erinnerung und Gedenken, um gedeutete Erinnerung geht, handelt es sich nicht um eine wissenschaftliche, sondern um ein politisch-kulturelle Herausforderung. Debatten, so heißt es dann, dienten der „gesellschaftlich-kollektiven Selbstvergewisserung". Sie seien notwendig, betont Gärditz, „schon weil sich soziale Werturteile in der Zeit wandeln", allerdings „bisweilen ...auch eine affirmative Auffrischung vertragen können."[2]

Die Voraussetzungen einer geschichtspolitischen Auseinandersetzung sind hier klar benannt: Es muss eine inhaltliche Auseinandersetzung, einen Disput, nicht aber eine endgültige autoritative Entscheidung geben. Deutungskontroversen lassen sich nicht entscheiden, sondern bleiben offen, können jederzeit wieder aufleben. In den Geschichtsdebatten sollte man die Bereitschaft spüren, sich mit den Umständen und Folgen eines Wertewandels auseinanderzusetzen, dem Gesellschaften, Institutionen, Weltanschauungen im Zeitverlauf ausgesetzt sind. Dies bedeutet, die Artikulation und den Austausch von Meinungen und Gegenmeinungen nicht abschließen zu wollen, sondern gleichsam dauerhaft offen zu halten, sie so zu präsentieren, dass sie im Zeitverlauf wichtig bleiben.

Die politische Kultur einer Gesellschaft wird nicht nur durch die Vergangenheit, sondern auch durch geschichtspolitische Akteure geprägt. Sie hat eine Genese und unterliegt Einflüssen, gewinnt ihre Spannung aus dem Streit um das Sagbare und das Unsagbare. Es geht dabei nicht nur um „Schweigespiralen"[3], die Fraglosigkeit erzeugen wollen, indem sie Nachfra-

---

2 Klaus Ferdinand Gärditz, Historischer Sachverstand und rechtliche Entscheidungsverfahren, in: Frank-Lothar Kroll u.a., Hg., Die Hohenzollerndebatte: Beiträge zu einem geschichtspolitischen Streit, Berlin 2021, S. 65.

3 Ulrike Ackermann, Die neue Schweigespirale: Wie die Politisierung der Wissenschaft unsere Freiheit einschränkt, Darmstadt 2022. Dieses Konzept wurde in den siebziger Jahren von der demoskopisch-publizistischen Forschung entwickelt, um die Entstehung von Meinungsklimata zu erklären.

gen stigmatisieren, sondern um Rede- und Forschungsfreiheit[4], mithin um das Recht, sich nicht nur eine eigene Meinung zu bilden, sondern zu ermöglichen, dass jeder sich diese bilden kann.[5] Auch hier zeigt sich, dass Deutungskontroversen nicht autoritativ durch eine Entscheidung, etwa die Umbenennung einer Straße, die Denominierung eines Preises, das Schleifen eines Denkmals beendet werden sollen, schlicht: weil es nicht funktioniert, Umstrittenheit bleibt, weil geschichtspolitische Debatten eine Nachgeschichte haben.

Im Kampf um die politische Kultur geht es nicht um die Fakten, sondern um Wertvorstellungen, die gesellschaftlich geteilt und möglichst breit akzeptiert werden. In der Auseinandersetzung um eine historisch geprägte politische Kultur kommt es dabei auf die kritische Auseinandersetzung mit der Vergangenheit an. Die Zielrichtung kann vielfältig und auch vielschichtig motiviert sein. Von der damnatio memoriae bis zur Identitätsstiftung, von der Kanonisierung bis zum Denkmalsturz reicht das Spektrum. In einer pluralistischen Gesellschaft wird Geschichte immer kontrovers gedeutet, denn sie berührt das Individuum lebensgeschichtlich, Gruppen weltanschaulich oder auch parteipolitisch. Auch wenn dabei behauptet wird, dass historisches Bewusstsein Identität vermittelt, so ist dieses Ziel in einer demokratischen Gesellschaft nicht nur illusionär. Es ist auch unerwünscht. Deshalb gilt für die geschichtspolitische Auseinandersetzung eine „Ableitung" des sogenannten Beutelsbacher Konsenses.[6] Hier wurde nicht nur ein Überwältigungsverbot formuliert, sondern auch verlangt, dass kontrovers bleiben müsse, was gesellschaftlich kontrovers sei.

In geschichtspolitischen Diskussionen wird dieser Konsens zu oft außer Kraft gesetzt, indem politische Verantwortliche auf gesellschaftliche Impulse reagieren, die Straßen umbenennen, Denkmäler schleifen, Räume und Gebäude umbenennen wollen. Gedenk- und erinnerungspolitische Akteure versuchen, Geschichtsbilder zu prägen und Geschichtsbewusstsein zu formen. Dabei kommt den Medien eine verstärkende Funktion zu. In den in die Öffentlichkeit vermittelten geschichtskulturellen Kontroversen geht es darum, eine bestimmende, durchaus machtvolle Rolle im Ringen um das

---

4 Klaus Ferdinand Gärditz, Die politische Grammatik der Wissenschaftsfreiheit, in: Aus Politik und Zeitgeschichte 71 (2021), S. 10 – 16.

5 Dies wäre gleichsam in Umkehrung eine Konsequenz, die man aus der Lektüre des Aufsatzes von Sandra Kostner, Disziplinieren statt argumentieren: Zur Verhängung und Umsetzung intellektueller Lockdowns, in: Aus Politik und Zeitgeschichte 71 (2021), H.46, S. 17 – 23, ziehen könnte.

6 Siehe www.lpb-bw.de/beutelsbacher-konsens/.

kollektive Gedächtnis einzunehmen. Weil Forderungen nicht nur kommunikativ erzeugt, sondern medial verstärkt werden, bleibt es wichtig, Motive und intendierte Wirkungen medial inszenierter Konflikte einzuschätzen und Argumente kritisch zu bewerten. Denn viele Akteure nutzen dabei nicht nur Kontroversen, sondern suchen auch die Öffentlichkeit, um kommunikativ Druck zu erzeugen. Dies wird durch soziale Medien erleichtert.

Deshalb bleibt dennoch jede Verfestigung eines Geschichtsbildes problematisch und sollte niemals gegen Veränderungen gefeit sein. Es kann sich nur temporär, nicht endgültig verfestigen. Der historische Konsens ist brüchig, wenn sich Wahrnehmungen von Gegenwart, Vergangenheit und Zukunft wandeln. Deshalb gehört der geschichtspolitische Streit zu einer pluralistischen Gesellschaft. Positiv ist, dass diese Debatten immer wieder die Veranlassung bieten, Geschichte neu zu sehen und zu deuten. Grundlagen des gesellschaftlichen Zusammenlebens lassen sich theologisch, philosophisch, verfassungsrechtlich, aber auch historisch begreifen. Wie auch immer, umstritten müssen sie bleiben. Denn das wandelbare Verhältnis von Staat und Gesellschaft, von Freiheit und Verantwortung muss stets neu bestimmt werden. Dabei kommt der dritte Aspekt des Beutelsbacher Konsenses zum Tragen, denn Voraussetzung der eigenen Urteilsbildung bleibt es, die politische Situation zu bewerten und die eigenen Motive und Interessen zu analysieren.

Auch Traditionen bleiben deshalb stets problematisch und müssen immer neu begründet werden. Das bedeutet, dass überkommene Vorstellungen hinterfragt und modifiziert werden. Abschütteln lassen sich Traditionen in einer pluralistischen Gesellschaft nicht, die, wie betont, aus unterschiedlichen Gruppen, Schichten, Berufen und Menschen mit je eigenen Lebensgeschichten, mit den je eigenen menschlichen Erfahrungen und Erwartungen besteht. Dies begründet meine Empfehlung, alles, was eventuell als unpassend, als überholt und historisch „falsch“ gedacht und begründet wird, nicht durch einen Federstrich, eine Umbenennung, einen Denkmalsturz zu beseitigen. Keine historische Revision schafft es, Ereignisse aus der Welt zu schaffen oder die Vergangenheit durch „Retrovision“[7] gleichsam gegenwärtig „passend“ zu machen.

Geschichte lässt sich nicht einfach abzuschütteln, sondern auch versunkene, aus dem gegenwärtigen Bewusstsein verdrängte Vergangenheit bleibt

7 Diesen Begriff übernehme ich von Stefan Germer, Retrovision: Die rückblickende Erfindung der Nationen durch die Kunst, in: Monika Flake, Hg., Mythen der Nationen: Ein europäisches Panorama, Berlin 1998, S. 33 ff.

Teil des geschichteten Bewusstseins. Dieses Bild der Schichtung hat Geert Mak[8] immer wieder bemüht, um gesellschaftliches Geschichtsbewusstsein zu beschreiben. Wenn man dieses Verständnis von Geschichte weiterentwickelt, lassen sich gedeutete Vergangenheiten durch neue Schichten überlagern. Ebenso aber kann es zu Unterspülungen, zu Eruptionen, zu Verwerfungen kommen, die alte Schichten an die Oberfläche bringen oder die Erdoberfläche versinken lassen.

Natürlich lassen sich vergangene Ereignisse so wenig wie die vielzitierten Fakten ungeschehen machen. Aber Deutungen sind fluide und bleiben abhängig von neuen Deutungen und historischen Befunden. Damit bleiben historische Erklärungen und Relativierungen der Vergangenheit veränderlich.

Exemplarisch lässt sich dies zeigen an einer juristisch-zeithistorischen Untersuchung, die nicht die „Stunde Null“ neu beleuchtet, sondern das von Juristen befürchtete Justitium zum Anlass nimmt, die Übergangsepoche zwischen Stalingrad und beginnender Neuformierung der Nachkriegsordnung neu zu vermessen.[9] Diese Arbeit zieht ihre inhaltliche Spannung aus Korrekturen der Vorstellung eines Stillstands der Rechtsprechung und belegt, dass es diese „tabula rasa“, die Wüste und Leere, wie oft betont wurde,[10] nicht gab,[11] sondern dass das bestimmende Moment der Rechtsprechung in der Übergangsepoche die Tatsache einer aktiv praktizierten und gesicherten Kontinuität war. Damit beleuchtet sie ein Problem, dass ein großes selbstkritisches Potential innerhalb der Justiz entfalten könnte. Denn wenn Anfang der 1950er Jahre „immerhin zwei Drittel der „Justizjuristen...im Einsatz gewesen“[12] waren, wird die These nicht nur nachvollziehbar, dass „Recht niemals aus dem Nichts“ kommt. Es knüpft an eine „Vorgeschichte an, an die Sozialisation des Personals, an die Gepflogenheiten der Form, an geläufige Medien, Autoritäten und Argumente.“[13]

Die Kontinuität ist zunehmend aus dem Blick geraten, weil die moderne Verwaltungsforschung auch im Bereich der juristischen Zeitgeschichte eine Wahrnehmung stützte, die Lahusen auf den Begriff brachte: „Wer den

8 Geert Mak, Das Jahrhundert meines Vaters, Berlin 2005; ders., Die vielen Leben des Jan Six, Berlin 2010.
9 Benjamin Lahusen, „Der Dienstbetrieb ist nicht gestört“: Die Deutschen und ihre Justiz 1943 – 1948, München 2022.
10 Ebda., S. 233 f.: „Die Erde war wüst, aber alles andere als leer.“.
11 Ebda., S. 239.
12 Ebda., S. 250.
13 Ebda., S. 252.

Nationalsozialismus untersucht, sucht nach Nationalsozialismus, gerade in der Justiz, und wer die Nachkriegszeit untersucht, sucht nach labiler Rechtsstaatlichkeit, getragen von der Kontinuität nationalsozialistischer Karrieren."[14] Wenn es aber kein „nationalsozialistisches Davor" und kein „zwangsdemokratisiertes Danach" gab,[15] ist es umso wichtiger, sich nicht nur der politischen und institutionellen Kontinuitätsproblematik zu widmen, sondern die kontinuitätsbedingten Verhaltensweisen und die darin verborgenen Wertstrukturen und Handlungsnormen zu problematisieren.

Die Gedenktafel, die uns hier zusammenführt, wäre ein wichtiger Anknüpfungspunkt, Übergangs- und Kontinuitätswahrnehmungen bewusst zu machen. Sie stellt so nicht nur einen Fakt, einen Überrest dar, sonst wirft eine zentrale Frage der kritischen Auseinandersetzung mit der Justizgeschichte und nicht zuletzt auch der Juristenausbildung auf. Denn sie unterläuft die Vorstellung von einer nur problematischen, immer wieder umstrittenen und bestrittenen Analogie oder vergleichenden Bewertungen. Historisch-politische Kontroversen haben hier in der Regel ihren Ausgangspunkt. Vor allem Vergleiche sind niemals unumstritten und werden in der öffentlichen Auseinandersetzung gleichsam „ausgehandelt". Das wurde deutlich an der Kontroverse über den Unrechtsstaat DDR, die nicht der Erklärung von Vergangenheit diente, sondern der politischen Klärung etwa der Koalitionsvoraussetzungen mit PDS bzw. „Der Linken". Vor der Wahl einer möglichen Bundespräsidentin Gesine Schwan erlangte die Kontroverse sogar eine Art Sprengkraft, die dazu diente, Positionen zu markieren.

Immer machten geschichtspolitische Debatten deutlich, dass sich ihre Brisanz aus ihrer Zeit- und damit Gegenwartsabhängigkeit ergab. Im Blick zurück wird überdeutlich, dass Erinnerung und Gedenken selbst ihre Geschichte haben, Konflikte verursachen, aufgelöst werden oder in ältere Bewusstseinsschichten absinken können. Das lässt sich an den vielen geschichtspolitischen Debatten der Bundesrepublik wie dem Historikerstreit der achtziger Jahre beobachten, damit zugleich auch an der Problematik, die uns bei der Frage nach der Gedenktafel im BGH zusammenführt[16].

Ich werde in meinem Beitrag für die Historisierung und Zurückhaltung angesichts einer Überforderung durch eindeutige historische Urteile eintre-

14 Ebda., S. 27.
15 Ebda., S. 26.
16 Allgemein jetzt Magnus Brechtken, Hg., Aufarbeitung des Nationalsozialismus: Ein Kompendium, Göttingen: Wallstein 2021.

ten, die verbindlich gemacht werden sollen durch geschichtspolitische Entscheidungen. Ein Verständnis von Geschichte setzt ein Verständnis von Ambiguität und die Bereitschaft zur Kontroverse voraus. Deshalb werde ich mich gegen einen retrospektiven historischen Purismus aussprechen, der auf Eindeutigkeit zielt und die gegenwärtigen Diskussionen über Straßennamen und Denkmäler prägt. Sie ziehen ihre Spannungen aus der Annahme, dass es Konstruktionen einer historisch-politischen Akzeptanz und damit auch von angeblicher Unkorrektheit gibt. Geschichte kann nicht der Durchsetzung von moralischen Normen dienen, die allgemein verbindlich sein sollen, weil Lebensgeschichten selbst widersprüchlich sind und konträre Erinnerungen produzieren.

Die öffentlichen Auseinandersetzungen um Straßennamen oder Denkmäler machen dies deutlich. Sie sind multifunktional, erinnern wie Kriegerdenkmäler an „Gefallene", zugleich an Kriege, an Kriegsfolgen, Kriegsopfer, an den Rassen- und Weltanschauungskrieg, der „Auschwitz ermöglichte" (Norbert Blüm), aber auch an Kriegsgefangenschaft. Diese Vielfalt zeigt, dass Änderungswünsche kein Monopol der Historiker sind, nicht das Ergebnis einer wissenschaftlichen Expertise sein können, sondern eine öffentliche Resonanzwirkung entfalten. Dies zeigt sich täglich, wenn Straßen und Plätze, die nach historisch belasteten Persönlichkeiten benannt wurden, vielerorts umbenannt werden, nachdem Kommissionen Lebensläufe erforscht, Texte geprüft, ehemalige Benennungs- und Errichtungsgeschichten rekonstruiert haben, zugleich aber die gegenwärtigen relativen und zeitspezifischen geschichtspolitischen Gegenwärtigkeiten nicht ins Kalkül ziehen wollen.

Historische Persönlichkeiten von weltgeschichtlicher Bedeutung wie Martin Luther, Otto von Bismarck oder Christopher Kolumbus gelten inzwischen als umstritten. Kritik macht auch vor Fontane oder Martin Niemöller nicht halt. Belastete Straßennamen sollen aus dem öffentlichen Stadtbild ebenso wie die Denkmäler von Generälen der Südstaaten der amerikanischen Bürgerkriegszeit verschwinden. Ich erwähne bereits hier den möglichen Gegeneinwand, denn es geht nicht um die Ehrung politischer Massenverbrecher wie Hitler oder Stalin, sondern es geht um historische Persönlichkeiten, an die zu erinnern einmal wichtig schien. Sie werden heute problematisiert, ohne die Genese der Problematisierung zu berücksichtigen. Denn es geht nicht nur um den Wandel von Beurteilungen und Handlungsmaximen, mit denen sich letztlich auch Geschichtsbilder wandeln, sondern um die Analyse einer geschichtspolitischen Dynamik, der Interessen, der Akteure.

Weil es um das vergangene Denken, Meinen und Handeln geht, die nicht mit heutigen Überzeugungen übereinstimmen und deshalb als anstößig gelten, verliert sich aus dem Blick der Nachlebenden, dass Denkmäler, Straßennamen und Gebäudebenennungen eine Zeit spiegeln, die heute als rückschrittlich empfunden wird. Indem man die anstößigen Artefakte beseitigt, schreibt man Geschichte so wenig um wie man sie auch nicht verdrängt. Ihre Entfernung erleichtert, wesentliche Dimensionen einer problematischen, nicht zu rechtfertigenden und zu verharmlosenden Vergangenheit selbstkritisch zu reflektieren, also die Auseinandersetzung mit der Vergangenheit nicht zu erleichtern, sondern zu erschweren.

Die Kritik richtet sich nicht zuletzt gegen eine Erinnerungstafel, die zu einer Zeit angebracht wurde, als viele der heute verbreiteten Überzeugungen und Einsichten noch nicht Allgemeingut waren. Dies betrifft etwa in Berlin die Erinnerung an „Turnvater“ Jahn oder an den ehemaligen Namensgeber der Beust-Hochschule. Ihnen wird Antisemitismus angelastet. Kritik richtet sich auch gegen die Tafel, mit der seit Jahrzehnten im BGH an ehemalige Richter des Reichsgerichts erinnert wird, die nach 1945 interniert wurden und in den Internierungslagern der Sowjetischen Besatzungszone zu Tode kamen.[17] Es gäbe viele Möglichkeiten, diese Tafel zu interpretieren und zur Herausforderung heutiger Betrachter werden zu lassen.

Natürlich bleibt es auch in diesem Fall wichtig, historische Deutungen, wie sie sich in Namen von Gebäuden, Straßen und Plätzen, nicht zuletzt in Erinnerungstafeln und Denkmälern niederschlagen, in doppelter Hinsicht – als Ereignis und Zeugnis der Erinnerung – zu kontextualisieren. Das Niederwalddenkmal und das Völkerschlachtdenkmal, nicht zuletzt die Siegessäule zeigen schlagend, dass das gelingen kann. Dass Kontextualisierungen und Historisierungen problematische und widersprüchliche Deutungen nicht nur entschärfen, sondern Vergangenheit sogar präziser sehen lassen[18], zeigen die sowjetischen Ehrenmäler vor dem Brandenburger Tor und in Berlin-Treptow. Dies wird aber auch in dem Respekt vor den KZ-Gedenkstätten der ehemaligen DDR deutlich.

Noch einmal sei deshalb betont: Es geht bei diesen Denkmälern nicht um Stalin, nicht um die Rechtfertigung des Bolschewismus, sondern um die Erinnerung an das Kriegsende, an das in Berlin, auch in Berlin-Karls-

---

17 Vgl. dazu die Beiträge von Michael Kißener und Andreas Roth.

18 Vgl. Habbo Knoch u. Oliver von Wrochem, Hg., Entdeckendes Lernen: Orte der Erinnerung an die Opfer der nationalsozialistischen Verbrechen, Berlin 2022.

horst erinnert wird. Dass sich Angehörige von Rotarmisten anders als Deutsche an das Kriegsende erinnern, müssen wir aushalten. Deshalb war die politische Forderung eines Berliner Abgeordneten unsinnig, das sowjetische Ehrenmal nahe dem Bandenburger Tor zu schleifen. Deshalb war es ebenso richtig, dass die Bundesregierung die Pflege des deutsch-sowjetischen Kapitulationsmuseums zu ihrer Aufgabe gemacht hat.

Dass Denkmäler ein ganz anderes Potential erschließen können, machte der ukrainische Staatspräsident Wolodymyr Selenskyj deutlich, als er im Washingtoner Holocaust-Memorial das neue Holocaust-Mahnmal beschrieb, das 2020 am Tag des nationalen Gedenkens in Kiew eingeweiht wurde: „Im Innern befinden sich Fotos aus der Zeit der nationalsozialistischen Besatzung Kiews. Das Foto zeigt eine Gruppe von Menschen, die an zwei erschossenen Juden vorbeigeht. Es ist ein entsetzliches, obgleich notwendiges Symbol für künftige Generationen. Es zeigt, dass schwere Verbrechen möglich sind, wenn Menschen lieber wegsehen. Lieber stumm bleiben. Lieber vorbeigehen.“[19] Er deutet das Bild gleichsam selbstkritisch, als Herausforderung an die Betrachter, sich durch die Alltäglichkeit der Hinnahme von Verbrechen selbst zu prüfen. Die von ihm dekretierte Neugestaltung des Erinnerungsortes Babi Jar sah er als Ausdruck seines Versuches, „historisches Versagen zu korrigieren“.[20]

Historisierung und Kontextualisierung von Ereignissen und Deutungen betreibt die Geschichtswissenschaft seit ihrer Orientierung an theologischer und juristischer Hermeneutik. Sie will „verstehen“, nicht richten. Und gerade dadurch bieten sich außerordentliche Möglichkeiten für eine kritische Selbstreflexion über Urteile, Maßstäbe, Orientierungen und Dimensionen des Verhaltens und Entscheidens. Das gilt auch und nicht zuletzt für Juristen, Theologen, Hochschullehrer. Sie alle sind immer Kinder ihrer Zeit gewesen und luden die Nachlebenden ein, über vergangene Urteile, Haltungen und Entscheidungen kritisch – und vielleicht auch selbstkritisch – nachzudenken.

Die Auseinandersetzung mit dem persönlichen und politischen Verhalten des einzelnen, von Gruppen und den Trägern zentraler Institutionen, die in die überwundenen Regimes verstrickt waren und zugleich auch die nachdiktatorischen Verhältnisse prägen, gehört seit 1945 zu den grundlegenden Herausforderungen nachdiktatorischer Gesellschaften. Dies war nicht immer leicht und hatte sich gegen erhebliche Widerstände durchzu-

---

19 Wolodymyr Selenskyj, Botschaft aus der Ukraine, München 2022, S. 52.
20 Ebda, S. 53.

setzen. Der Charakter dieser selbstkritischen Auseinandersetzung schwankte und entwickelte eine eigene Geschichte aus der Verdoppelung von Ereignis- und Nachwirkungsgeschichte.

Die Debatte wurde immer öffentlich geführt und hatte deshalb eine politische Dimension: Sie wollte zur Parteinahme auffordern, aber auch Entscheidungen beeinflussen und nicht zuletzt Kräfte begrenzen, die den nachdiktatorischen Neubeginn innen- und außenpolitisch belasten könnten.

Dabei ging es nicht um die Frage, wie die Folgen diktatorischer Politik ungeschehen zu machen wären, sondern es ging um die Möglichkeit einer Wiedergutmachung nach einer grundsätzlichen Auseinandersetzung mit der Vergangenheit. Voraussetzung war dabei die Einsicht in Voraussetzungen und Folgen einer als verbrecherisch oder menschenrechtswidrig bezeichneten nationalsozialistischen Politik, die Unterstützung durch die damalige „Volksgemeinschaft" gefunden hatte, zumindest nur selten Kritik oder Widerspruch bewirkt hatte.

- Wiedergutmachung war denkbar durch Restitution, durch Entschädigung, durch Ehrung der Opfer und durch Gedenken – in allen Fällen war es unausweichlich, durch öffentlich vermittelte Impulse die Voraussetzungen für die innere Bereitschaft zur Wiedergutmachung bei den Überlebenden der NS-Zeit zu schaffen, aber auch diejenigen, denen Wiedergutmachung im weitesten Sinne zuteilwerden soll, davon zu überzeugen, dass eine derartige Wiedergutmachung für sinnvoll erachtet und als Zeichen einer Neuorientierung gewertet wurde.
- Im Zuge der Wiedergutmachungsdiskussionen stellte sich allerdings die Frage, wie das Verhältnis zwischen angeblichen Tätern und Opfern gestaltet werden könnte. Es ging nicht um Selbsterklärung, Bedauern oder die Artikulation von Entschuldigungen. Sondern um eine Selbstaufklärung, und sei es in einer schmerzhaft belastenden Debatte, die Fritz Bauer beschrieb als Ausdruck einer Konfrontation, die er auf den Begriff brachte, dass „eine Gesellschaft über sich zu Gericht säße". Dies bedeutete in den fünfziger Jahren, dass sie sich eben mit der Vergangenheit offen und mit einer gewissen Ehrlichkeit und auch Schonungslosigkeit mit dem eigenen (Fehl-)Verhalten und Versagen konfrontieren müsste.
- Dies setzt in der Regel die glaubhafte Auseinandersetzung mit der Vergangenheit im weitesten Sinne, die Erkenntnis einer Verantwortung für die vergangene Politik und Geschichte, bei den unmittelbar Mitlebenden auch ein Eingeständnis eines Versagens und einer – wie auch immer

definierten - Schuld sowie die Betonung eines Willens zur Neuorientierung verbindlicher individueller Maßstäbe eigener Verhaltensweisen und einer Orientierung der Politik an Werten einer die Menschenrechte achtenden Ordnung voraus.

- Daneben dient die Auseinandersetzung mit der Vergangenheit auch der Auseinandersetzung mit Gruppen und Kräften, die nicht die Kraft haben oder die Bereitschaft empfinden, sich mit der eigenen persönlichen Geschichte auseinanderzusetzen und das Spannungsverhältnis von Lebensgeschichte und Systemgeschichte zu reflektieren.
- Bei der Auseinandersetzung mit Kräften, die sich zu Bereichen der diktatorischen Geschichte bekennen, rücken Fragen der Vergangenheitsbewältigung in den Zusammenhang einer politischen Auseinandersetzung um die Geschichte - um ihre Deutung (und Rechtfertigung), um ihre angeblichen Voraussetzungen (und potentiellen persönlichen Entlastungsmöglichkeiten), um ihre oftmals behauptete Unausweichlichkeit (und damit kollektive Entlastung), um ihre weitergreifenden Zusammenhänge (und damit Relativität), um ihre politisch-pädagogische Dimension (und damit um die Unterstellung einer primär politisch-manipulativen-Funktion der Zeitgeschichte). Alle Auseinandersetzungen zielen auf eine breitere Öffentlichkeit und müssen deshalb im Zusammenhang mit ihrer politischen Breitenwirkung und damit auch ihrer Mobilisierungsfähigkeit gesehen werden.
- Neben der Beschäftigung mit den Opfern nationalsozialistischer Politik ist die Frage entscheidend, wie in der öffentlichen Auseinandersetzung die Frage der Integration der Täter in das politische System, in gesellschaftliche Kooperationszusammenhänge (Frage der Strafe, der befristeten Ausgrenzung aus dem Berufsleben oder dem Berufsverbot) und in die Auseinandersetzung um Dimensionen des Verstehens ihrer Haltung und auch ihres Verhaltens stattfindet.

II.

Im Folgenden wird versucht, die Problematik anzusprechen, die mit jeder Umbenennung im öffentlichen Raum zusammenhängt. Beispiele gibt es zuhauf: Hindenburg ist umstritten wie Heinrich von Treitschke, der „Turnvater" Jahn ebenso wie ehemaligen deutschen Kolonialherrscher wie Peters und Nachtigall. Kaum eine Stadtverwaltung, die nicht Straßennamen überprüfen will und entsprechende Gutachten in Auftrag gibt. Hinzu kommt die wachsende Sensibilität für die Problematik des Antisemitismus. Das trifft dann Martin Luther oder Theodor Fontane, Richard Wagner wie Gustav Freitag.

Im Eifer verliert sich aus dem Blick: Eine Entsorgung der Nominierungen durch Austausch löst kein Problem, sondern zieht unausweichlich neue Diskussionen und nicht selten neue Infragestellungen der Ersatznominierungen nach sich. Das wird gegenwärtig an der Debatte über die Umbenennung eines Raumes des Auswärtigen Amtes deutlich: an Stelle von Bismarck erinnert er jetzt an die europäische Einheit. Problematisch ist nicht die neue Benennung, sondern die Abschaffung der ehemaligen Nomination.

Im Bereich der NS-Geschichte wie auch der DDR-Geschichte zeigen sich noch größere Probleme als bei der Bewertung des 19. Jahrhunderts. Die Neigung zum Übertünchen von Geschichte war immer groß. Dies wird im Nachkriegsdrama von Max Frisch angedeutet, wenn es eingangs heißt: „Weißeln, weißeln, damit wir ein weißes Andorra haben", eine leicht durchschaubare Illusion. Nein: Geschichte war und bleibt. Vergangenheit lässt sich nicht ändern, übermalen, sie lässt sich nur verstehen.

Deshalb geht es nicht nur um die Frage, ob man Erinnerungen löschen kann, Denkmäler schleifen muss, Gedenktafeln wie jene, die im BGH zur Diskussion steht, abhängen sollte und in einer Ausstellung oder einem Museum präsentieren könnte. Dies wäre ja nicht einmal eine Überformung, sondern eine De-Kontextualisierung am ursprünglichen Ort, aber keine Lösung, denn das aus dem Zusammenhang gerissene, gar unkenntlich gemachte, aus dem Blick gerückte Objekt wirft weiterhin Fragen auf, verweist weiterhin auf den ursprünglichen Zustand der purifizierten „Stelle" und damit auf alle geschichts- und erinnerungspolitischen Probleme, die damit zusammenhängen.

Wie aber könnte, wie sollte mit einer Erinnerungstafel umgegangen werden, die in den fünfziger Jahren als erinnerungspolitisches Zeichen, als Ausdruck der Pietät und, gewiss, zugleich der Anklage im damaligen Systemkonflikt fungierte. Es geht also nicht nur um die in den Internierungslagern Mühlberg und Buchenwald verstorbenen Opfer der sowjetischen Besatzungsherrschaft, nicht nur um eine ehrende Pietät gegenüber den Opfern, sondern auch um die Aussage über das System, in dem sie als Juristen gewirkt und auch Leid verursacht hatten. Und zugleich geht es aber auch um das System, in dem sie inhaftiert, gequält wurden und Leid erfahren hatten und verstorben waren. Ambiguität und Ambivalenz auf eine Gedenktafel zu konzentrieren kann nicht funktionieren. Das wissen wir heute. Aber die Tafel, mit der verstorbener Juristen gedacht werden sollte, die in der damaligen SBZ „umgekommen" waren, ist vorhanden, als Relikt eines Geschichtsverständnisses, das wir heute nicht mehr so teilen können, weil sie überging und ausblendete, was vor der Zernierung der Juristen unter ihrer Mitwirkung geschehen war.

Wie man es auch dreht und wendet: Die Tafel bleibt ein Produkt der fünfziger Jahre und ist insofern ein Relikt, mit dem die Nachwelt klarkommen muss. Als ein Zeugnis jener Zeit könnte sie historisiert und kontextualisiert, also inhaltlich „entschärft" werden. Dennoch reicht es nicht, sie schlicht mit dem geschichtswissenschaftlichen Instrumentarium der hermeneutischen Relativierung zu historisieren. Es kann nicht darum gehen, was Heidi Brühl, eine damals bekannte Schlagersängerin, mit „alles verstehen heißt alles verzeihen" an Zeitstimmung aufgriff. Heute ist die Bereitschaft zum Eingeständnis von Schuld und Verantwortung größer, ist die Bereitschaft gewachsen, eine Kultur der Entschuldigung zu praktizieren. Deshalb ist heute eine Konfrontation mit der Vergangenheit viel schwieriger und anspruchsvoller, sicherlich auch gehaltvoller, wenn es um Fragen einer moralischen Bewertung und einer selbstkritischen Überprüfung geht.

Gewiss lässt sich heute nicht mehr, wie in den fünfziger Jahren, eine den BGH legitimierende „spezielle" Kontinuität zwischen dem Reichsgericht und dem neuen BGH behaupten. Das ist eine Folge des Zeitverlaufs, aber auch der Tatsache, dass das Leipziger Reichsgericht heute viel kritischer gesehen wird. Deshalb lässt sich aus dem Systembruch von 1945 die neue verfassungs- und rechtsgeschichtliche Zäsur begründen, die in der Eigengeschichte des BGH gründet. Dies ist ähnlich wie bei der Bundeswehr, die heute ihre Geschichte als eigengewichtigen Traditionsstrang begründet und daneben nur die Zeit der „Befreiungskriege" und den Widerstand gegen den Nationalsozialismus als traditionswürdig anerkennt, die Wehrmachtsgeschichte aber weitgehend in den Hintergrund drängt.

Die Anregung, die Erinnerungstafel im BGH zu beseitigen, begründet nicht Zweifel daran, dass die damaligen (schrecklichen) Internierungslager der sowjetischen Besatzungsmacht Ausdruck des politischen Säuberungswillens waren. Säuberungen nach Systemumbrüchen waren politisch motiviert und entsprechend willkürlich. Die SMAD nutzte Denunziationen und wollte die neue Macht des kommunistischen Regimes, das geplant war, stabilisieren. Aus politischen Gründen der Machtdurchsetzung wurde also individuelles Leid verübt und nachträglich als „gerechte Strafe" gerechtfertigt, oft bis heute, wie Jahrzehnte später die Relativierung der Entführung und Ermordung von Hanns Martin Schleyer in den siebziger Jahren zeigte.

Durch die Erklärung, die Internierungsopfer hätten weniger ein Unrecht als eine als „gerecht" empfundene und gedeutete Strafe erlitten, veränderten sich Koordinaten und Beurteilungsmaßstäbe. In den fünfziger Jahren wurden die in den Internierungslagern Verstorbenen ausschließlich als Opfer des SED-Unrechts gewürdigt. Ihre Vorgeschichte wurde ausgeblendet. Das änderte sich nach dem Mauerfall durch die Debatten über die Kontinuität der Konzentrationslager, in denen vor 1945 NS-Opfer durch die Gestapo, nach 1945 dann Menschen durch die SMAD inhaftiert und „verschleppt" worden waren. Insbesondere in Sachsenhausen und Buchenwald spitzte sich eine neue Diskussion zu, die ihre Funktion als Konzentrations-, dann als Internierungslager spiegelte. Während die in der KZ-Haft Verstorbenen als Opfer des NS-Regime wahrgenommen wurden, wurde die Internierung als Reaktion auf zuvor begangenes Unrecht erklärt, gleichsam als eine Strafe für die Unterstützung des NS-Regimes. Dies erklärt nicht nur die erinnerungspolitischen Konflikte und eine differenzierende Bewertung des Leides. Um die Erinnerung an die im Zuge ihrer von der SMAD veranlassten Internierung ums Leben Gekommenen wurde in den neunziger Jahren heftig gestritten. Bereits die Erinnerung an Opfer politischer Säuberungen der bedingungslosen Kapitulation galt als Relativierung, wenn nicht sogar als Gleichsetzung von NS-Gegnern und Internierten. Nur wenige lösten sich von diesen Debatten und sahen zugleich in den Opfern der Unterdrückung in der NS-Zeit ebenso wie in den Internierten Opfer politischer Verfolgung. Sie konnten in den Verstorbenen des sowjetzonalen Nachkriegsregimes nicht Handlanger und Vollstrecker des Faschismus identifizieren.[21]

In dieser Differenzierung drückte sich somit in den Augen beider Gruppen eine nicht in Deckung zu bringende politisch begründete Teilmoralität aus, da sich – so sagten die einen – bereits im Oktober 1943 mit der Moskauer Erklärung die Bestrafung der NS-Täter und ihrer Unterstützer angekündigt hätte, während sich – so sagten die anderen – hingegen Willkür und Unrecht auch durch die Ankündigung der Bestrafung nicht ausgeschlossen hätten. Bereits in der frühen Nachkriegsgeschichte setzte eine ähnliche Differenzierung der Verurteilten ein. Hauptkriegsverbrecher sollten bestraft werden, die Mehrheit der Deutschen aber bezeichnete sich als unwissend, vor allem als verführt, kontrolliert, terrorisiert. Sie entlastete so ihr Fehlverhalten. Dieses Bild verflüchtigte sich langsam seit den

21 Hervorzuheben sind in diesem Zusammenhang die vierbändige Romanfolge von Uwe Johnson, Jahrestage, 4 Bände, Frankfurt/M. 1970 bis 1983.

sechziger Jahren mit den ersten großen NS-Prozessen, den die Öffentlichkeit zur Stellungnahme auffordernden Verjährungsdebatten, mit der sich differenzierenden zeitgeschichtlichen Forschung. Alles dies beförderte die Entwicklung neuer Bewertungsmaßstäbe des Verhaltens des Einzelnen in der Vergangenheit.

Vor allem die Funktionsweise des NS-Staates wurde seit den sechziger Jahren von Historikern und Politikwissenschaftlern immer präziser analysiert. Dadurch kristallisierten sich Handlungsspielräume des Einzelnen heraus. Das „Dritte Reich“ wurde nicht mehr nur als Führerstaat oder Polykratie oder übermächtig im Hinblick auf die angestrebte Revision des Versailler Systems als Hegemonialkonflikt gedeutet, der mit dem Zweiten Weltkrieg als eine Art Machtkampf gelöst werden sollte, sondern als ein Rassen- und Weltanschauungskrieg, der Euthanasieverbrechen und den Völkermord an Juden, Roma und Sinti ermöglicht hatte.

Mit dieser Ausweitung der Wahrnehmung ging ein Wandel der Begrifflichkeit einher und veränderte jene Bewertungsmaßstäbe, die halfen, die Wirklichkeit des NS-Staates, der Polizei und der Rechtsprechung, der Wissenschaft zugleich auch in der Alltäglichkeit neu zu sehen. Es dauerte aber, bis die neue Deutung zu einem neuen Zeitgeschichtsverständnis führte.

Auch mit der „Volksgemeinschaft“-Ideologie wurde 1945 so keineswegs radikal gebrochen. Historiker sprechen von der „Epochenverschleppung“, wenn sie die Nachhaltigkeit vergangener historischer und politischer Wahrnehmungen der Überlebenden verstehen wollen, die das postdiktatorische Gegenwartsbild prägte. Natürlich blieben die Zeitgenossen auch nach 1945 geprägt von ihrer Sozialisation. Sie fühlten sich geschlagen, besiegt, weniger befreit. Wer sich „befreit“ fühlte, musste unter dem Regime gelitten haben.

Die Realität des Befreiungsbegriffs lässt sich heute nur ermessen, wenn man die Betroffenheit von Zeitgenossen mit ihren jeweiligen Erfahrungshintergründen in den Blick nimmt und mit ihren Erwartungen und den situativen Gegenwartsherausforderungen verbindet. Hermeneutisch ist das anspruchsvoll und schwierig und unterläuft plakative geschichtspolitische Schlagwörter und Begriffe wie Neuordnung, „Stunde Null“, Neuanfang. Dem damaligen Zeitgefühl kam der Begriff der Katastrophe vermutlich besonders nahe. Die langfristig erschütternde Konfrontation mit den NS-Verbrechen, mit Zwangsarbeit, Besatzungsherrschaft hätte zur Voraussetzung die Abstrahierung von den eigenen Prägungen, Nöten, Begrenztheiten gehabt. Diese Distanzierung von der Vergangenheit entwickelte sich im Laufe von Jahrzehnten. Insofern ist es unangemessen, über die nicht zu bestreitenden Fehlwahrnehmungen und geschichtspolitischen Fehlentscheidungen verständnislos oder empört zu sein.

Machen wir uns bewusst: Die meisten der auf der Gedenktafel genannten Personen waren zwischen 1877 und 1895 geboren worden, also im Jahre 1933 zwischen 56 und 38 Jahre alt. Zwölf Jahre später waren sie mithin zwischen 68 und 50 Jahre alt. Sie wurden als Juristen in Kaiserzeit und Weimarer Republik ausgebildet und blieben entsprechend geprägt. Die Gesetzgebung nach 1919 versuchte Neuansätze der Juristenausbildung, stieß aber auf Vorbehalte, die später auch die Nationalsozialisten nutzen konnten. Überdies war nicht nur die Rechtsprechung ein Produkt ihrer Zeit, sondern auch die Weltbilder wurden vor 1918 entsprechend politisch geprägt und bestimmten das Wertebewusstsein, damit auch das Gegenwartsverständnis und die Zukunftsvorstellungen.

Diese Betonung dient nicht der Entlastung, sondern der Erklärung. Sie könnte den Gedanken nahelegen, vergleichbare Fragen nach Wertprägungen an sich selbst zu richten, um die eigene Sozialisation zu verstehen. Denn wenn es richtig ist, dass „manch einer seiner Zeit ähnlicher (sei) als seinem Vater", wie es der Historiker Jacob Burckhardt in den Weltgeschichtlichen Betrachtungen ausdrückte, dann gilt das auch heute für uns. Später nahm Reinhold Schneider diesen Satz auf und verband ihn mit der Feststellung, das Leben bedeute, schuldig zu werden. Für Juristen und Historiker galt dies in besonderem Maße! Vielleicht erinnert sich der eine oder andere sogar an den Satz: „Und wenn der Teufel im Gericht wäre" aus Kleists Zerbrochenem Krug.

Als sich die Nachlebenden darüber klar wurden, dass jede Bewältigung der Vergangenheit doch keinen Schlussstrich ziehen konnte, sondern nicht zuletzt auf die Aufarbeitung der Vergangenheit zielte und dabei auch einer selbstkritischen und selbstreflexiven individuellen Aufarbeitung des eigenen, sich im Zeitverlauf wandelnden Geschichts- und Politikverständnisses bedurfte, veränderte sich der Umgang mit der Vorgeschichte der Gegenwart.

In den fünfziger Jahren schlug sich die Vorgeschichte des BGH nicht zuletzt auch in einer Bemühung um eine Traditions- und Vorgeschichte nieder, die sich im Willen manifestierte, als Folge bewiesener Pietät gegenüber verstorbenen „Leistungsträgern" auch die eigene Institution und das eigene Denken zu schützen, das sich in den fünfziger Jahren noch als robust erwies, seit dem Beginn der sechziger Jahre aber zunehmend erodierte. Das galt für viele Bereiche in allen Behörden, im Kulturleben, in der Kunst. Schlagartig wurde klar, was es bedeutet haben musste, ein im wechselnden

Zeitverlauf sich wandelndes Leben zu führen und rückblickend zu deuten und zu verstehen, Versagen sich klarzumachen, dessen Folgen zu gewichten, eine selbstkritische Konfrontation mit der Zeitgeschichte nicht mehr als „Nestbeschmutzung“, sondern als Aufklärung über falsches Bewusstsein und Verhalten zu würdigen.

Gewiss gilt immer, dass Menschen das Risiko eingehen, falsch zu entscheiden, also schuldig zu werden. Aber diese Erkenntnis reicht nicht. Denn immer dann, wenn es um die Beurteilung menschlichen Verhaltens in der Vergangenheit geht, kommt die Bewertung unter dem Einfluss aktueller, gegenwärtiger Bewertungen individuellen Verhaltens ins Spiel. Die Maßstäbe werden dann rückwirkend angewandt. Historischer Reflexion geht es aber nicht nur um die Bewertung der Vergangenheit, sondern auch um Selbstbefragung und Selbstklärung, um Selbstkritik ganz im Sinne von Hannah Arendt, die empfahl, sich am Ende des Tages zu fragen, ob man es noch mit sich selbst aushielte.

Das historische Urteil kann unterschiedlich gefärbt sein, selbstgerecht, abgehoben, relativierend, verschleiernd, entschuldigend, verständnisvoll – alles ist möglich. Die Nutzung historischer Bewertung für die kritische Betrachtung aktuellen Verhaltens zielt auf die Reflexion von Koordinaten des Handelns, um eine gegenwärtige humane Orientierung. Historisch geht es dabei nicht nur um Fakten, sondern immer auch um Wertvorstellungen, damit nicht zuletzt um den Wertewandel und die Geschichte, die nicht nur handelnde Menschen, Entscheidungen und Institutionen in den Blick nimmt, sondern auch die Umstände des Erinnerns, die politisch-kulturellen Rahmenbedingungen der Erinnerung.[22] Erinnern ist dann nicht nur vergangenheits-, nicht sondern gegenwarts- und zukunftsbezogen.[23] Es geht um Maßstäbe, die sich historisch reflektieren und plausibilisieren lassen, immer aber gegenwartsbestimmt und somit situativ bestimmt bleiben. Es geht dabei auch um Empathie, um Vorstellungskraft der Zeitüberbrückung. Es geht um Menschen, derer nicht nur gedacht wird, sondern deren Handlungs- und Leidensrahmen einfühlend bewusst gemacht werden. Weil sich die Bewertungskoordinaten verschieben, verändern sich

22 Von exemplarischer Bedeutung sind in dieser Hinsicht die Überlegungen der Redaktionsmitglieder der »Beiträge zur Geschichte des Nationalsozialismus«, Hg., NS-Geschichte als Herausforderung. Neue und alte Fragen, Göttingen 2022.

23 Wagner, Helen, Vergangenheit als Zukunft? Geschichtskultur und Strukturwandel im Ruhrgebiet, Köln 2022, S. 25, spricht von Erwartungs-, Gestaltungs-, Erhaltungs- und Risikozukunft und beschreibt so Verhaltens- und Bewertungsdimensionen, die Gegenwarts- und Zeitdiagnosen verschränken.

Beurteilungen. Daraus Konsequenzen zu ziehen ist, wie unsere Diskussion zeigt, besonders schwer, weil es bei denen, derer gedacht wird, immer auch um die unmittelbaren und die ferneren Angehörigen geht, also um die, die noch eine unmittelbare Erinnerung an die Verstorbenen hatten, aber auch um die, die sich für Namensträger halten und dies mit Ansprüchen, mit Kompetenzen verknüpften.

Insofern verlangt die Debatte über Korrekturen der früher einmal problemlosen, heute problematisch erscheinenden Würdigungen wie Ehrentafeln eine besondere und vielschichtige, also viele Zugänge und Möglichkeiten eröffnende Bereitschaft, Schichten der Erinnerung zu bedenken und gerade dadurch die Bewältigung der historisch belasteten Gegenwart und die Gestaltung des zukunftsbezogenen Verhaltens zu versuchen. Das wäre mein Ziel. Die Voraussetzung wäre allerdings die Bereitschaft und die Befähigung, mit einer Kritik des „kollektiven Gedächtnisses" die historische Urteilsbildung kritisch und selbstreflexiv zu prüfen und dabei den Blick auf die eigenen Wertvorstellungen und Begründungsmuster zu richten.

Das wäre zugleich auch mein Vorschlag, mit einer in den vergangenen Jahren zunehmend problematisierten, also nicht nur problematischen Erinnerungstafel umzugehen. Es geht um die faktische Geschichte, zugleich aber auch um die zweite Ebene, die Erinnerungs- und Problematisierungsgeschichte, die stets auch die historische Infragestellung und die Umstände der Verdinglichung von Erinnerungsbezügen im Zusammenhang einer kritischen Thematisierung von Fakten und Deutungen in den Blick zu nehmen hätte.[24] Denn wir erinnern uns nicht nur, wir werden immer zugleich auch erinnert, sind also von einer Form der debattierenden und deliberierenden Öffentlichkeit abhängig. Deshalb müssen wir jenseits einer meinungsbildenden oder meinungsprägenden Empörung über Fehlentscheidungen oder Indifferenzen die Umstände des Gedenkens und Erinnerns bedenken und analysieren.

Wenn die Erwartung einer eindeutigen handlungsleitenden Empfehlung im Umgang mit jener Erinnerungstafel besteht, die zur Diskussion steht, so sei folgende Überlegung erlaubt: Die Maximalforderung wäre: Beseitigung, wenn nicht Zerschlagung. Ich denke, dies würde eine unbehagliche Situation klären, aber nicht der historischen oder geschichtspolitischen

24 Ansätze dazu bieten Habbo Knoch u. Olver v. Wrochem, Hg., Entdeckendes Lernen: Orte der Erinnerung an die Opfer der nationalsozialistischen Verbrechen, Berlin 2022, und Insa Eschebach, Hg., Was bedeutet Gedenken? Kommemorative Praxis nach 1945, Berlin 2023.

Klärung dienen, denn das, was war, lässt sich nicht beseitigen, es wirkt nach und bleibt insofern vorhanden. Eine Tabula Rasa der Erinnerungen ist nicht möglich. Es bietet sich allerdings ein Ausweg an, der die Debatte über die Tafel in ganz andere Zusammenhänge rückt: etwa über Handlungsspielräume und Verhaltens- und Entscheidungsmöglichkeiten von Juristen nachzudenken, also die Formel von den „furchtbaren Juristen“ substanzieller zu greifen. Damit wäre meiner Ansicht nach eine sehr gute Voraussetzung verbunden, eine Auseinandersetzung mit richterlichem fehlerhaftem Verhalten anzustoßen und damit auch der Auseinandersetzung mit Entscheidungs- und Handlungsspielräumen nicht aus dem Wege zu gehen.

Gedenktafeln sollen und müssen nicht nur Pietät und Takt ausdrücken, sie können durchaus anstößig sein, sollen es sein. Ein verstörendes Potential können sie nur entfalten, wenn sie vorhanden sind! Das schließt eine Beseitigung, eine Schleifung aus.[25] Theodor Heuß bezeichnete 1952 in Bergen-Belsen ein Denkmal explizit als Stachel im Fleisch der deutschen Gesellschaft. Als Störung der Erinnerung wird zu allen Zeiten etwas anderes empfunden. Deshalb ist jedem Denkmal, jeder Gedenkstätte und auch jeder Erinnerungstafel ein Bedeutungs- und Würdigungswandel eingeschrieben. Manchmal geschieht das auf eine harmlose Weise: Aus der Berliner Siegessäule kann eben eine „Goldelse“ werden, bei der man nicht mehr an 1871, an den Sieg oder an die Kriegsopfer denkt. Bei Kriegerdenkmalen ist das bereits anders, und noch einmal schwieriger wird das politisch geprägte Erinnern, etwa wenn an die Opfer stalinistischer Herrschaft, an die Mauertoten, an die Opfer der Vertreibung aus den Gebieten jenseits der Oder-Neiße-Grenze gedacht wird.[26] Kein Kriegerdenkmal verehrt heute

25 Vgl. Sybille Steinbacher, Hg., 25 Jahre Fritz Bauer Institut: Zur Auseinandersetzung mit den nationalsozialistischen Verbrechen, Göttingen 2022, S. 50.

26 So ist heute kaum bewusst, dass an die Leiden von Flucht und Vertreibung 1945/46 als ein Unrecht auf dem Gelände der Goslarer Kaiserpfalz erinnert wird, denn in den Jahrzehnten seit Kriegsende hat sich die Bewertung des erzwungenen Verlustes der „Heimat“ verschoben. Sie wurde bereits in den fünfziger Jahren als Folge des von den Nationalsozialisten begonnenen Krieges gedeutet. Mit den Ostverträgen veränderten sich die Bewertungskriterien noch einmal. Die Gedenksteine, die Skulptur und das Gestell mit der Glocke auf dem Gelände der Kaiserpfalz wurden so im Laufe der Jahre dekontextualisiert, die Leidenserfahrungen der Flüchtlinge wurden historisch relativiert. Heute ist die Geschichte der Errichtung der Denkmäler als Erinnerung an eine in den fünfziger Jahren empfundene Katastrophe deutscher Geschichte – Flucht, Vertreibung, „Spätheimkehr“ – nicht einmal mehr umstritten, auch nicht anstößig, sondern unbekannt. Wäre es denkbar, dass sich heute eine Protestbewe-

„Helden", sondern macht viel öfter nachdenklich, im Hinblick auf Ereignisse, Handelnde, Zeitgeist und Verblendung, Erinnerung und den Wahn des Mittuns, also auf vielschichtige Zeitströmungen, die ja immer auch Zeitensog sind, den Einzelnen in den Sog der Zeit stellen, ihn hineinziehen. Deshalb dienen sie der Zeitkritik, der Distanzierung von Selbstverständlichkeiten des Mittuns, deshalb fordern sie Reflexionsvermögen und Selbstreflexion heraus und können, wie die Gedenkstätte im Gefängniskomplex Bautzen zeigt, auch Epochengrenzen überbrücken[27].

Um die Möglichkeit nutzen zu können, über vergangenes (in unserem Fall: richterliches und zugleich zeitbezogenes) Handeln und die Umstände historischer Würdigungen nachzudenken, kann ich mich im Zusammenhang meiner bisherigen Überlegungen nicht zur Empfehlung durchringen, die Ehrentafel des BGH schlicht „wegzuweißeln". Ich sehe in der Möglichkeit einer Auseinandersetzung mit ihr zum einen die Auseinandersetzung mit dem Leid der genannten Verstorbenen. Denn Leid ist immer individuell und kann nicht kompensatorisch gerechtfertigt werden. Verletzung von Pietät und Takt wäre nicht nur ein gedenkpuristischer Kollateralschaden. Zum anderen böte die Auseinandersetzung mit der Tafel die Chance, Erinnerung und Gedenken auf ihre Voraussetzungen und Bedingungen zu befragen und zugleich ein historisch bedingtes Wertegefühl zu bedenken, das Handeln und Entscheiden beeinflussen kann.

Erinnerungskritische Kontextualisierung verflüssigt Sicherheiten. Menschen und Taten, Versagen und Zeitschichten zu interpretieren, kann nicht bedeuten, einem Betrachter Entscheidungen abzunehmen, die sein Geschichtsbewusstsein prägen, denn auch, wenn die Ehrentafel beseitigt würde, läge darin eine Verfügung über Impulse, aus denen sich ein eigenes Urteil bilden kann.

Nun könnte man einwenden, auch die Existenz dieser Tafel wirke dominierend. Die vergangenen Diskussionen haben nicht zuletzt die Beseitigung einer unbewussten Vorstellung von Eindeutigkeit erreicht. In Zukunft wird zu dieser Ehrentafel die Debatte gehören, ist erreicht worden, dass der

---

gung formulierte, die die Beseitigung dieser Erinnerungen verlangte? Oder wäre es nicht wünschenswerter, die Erinnerungsgeschichte, die sich in diesem Denkmal niederschlägt, bewusst zu machen?

27 Ein gutes Beispiel gelungener, epochenübergreifender Kontextualisierung stellt die Gedenkstätte Bautzen II dar, die die Gefängnisgeschichte der Kaiserzeit mit Verfolgungs-, Unrechts- und Haftgeschichte im NS-Staat verbindet und endet mit der kritischen Auseinandersetzung mit der Haftanstalt Bautzen II und dem Komplex „Gelber Ochse" in der DDR.

Betrachter nicht mehr fest an die Hand genommen wird, dass ihm eine Deutung vorgegeben wird.

Die Empfehlung, die Ehrentafel zu entsorgen, spiegelt eine gewisse Ängstlichkeit gegenüber der Öffentlichkeit. Moralische Beschwörungen haben in diesem Zusammenhang oberlehrerhaft Belehrendes an sich. Sie spiegeln ein Misstrauen durch die latente Unterstellung, den Zeitgenossen sei eine eigenständige Urteilsbildung nicht möglich.

Dagegen ist zu betonen: Wir erinnern uns nicht, um uns schuldlos zu stellen, sondern wir können historische Reflexion nutzen für eine Distanzierung von uns selbst durch Nachdenken über unsere Möglichkeiten, über Spielräume, Zwänge. Im Nachdenken über Geschichte bündeln sich oftmals historisch geronnene Erfahrungen, konfrontieren sich Menschen mit den Möglichkeiten des Menschen. Es waren die Nationalsozialisten, die das Rechtssystem ihren Ideologien und Zukunftsvorstellungen anpassten, es waren Juristen, die sich an Unrecht, an Justizverbrechen und Justizmorden beteiligten. Beide waren Menschen. Menschen sind wir auch, deshalb verbergen sich in unserem Wollen, in unsren Ängsten und Zielen ähnliche Potentiale.

Erinnerung könnte durch Reflexion dazu beitragen, Misstrauen gegenüber sich selbst zu entwickeln, das Verhalten reflexiv neu zu konditionieren, sich auf eine stets gefährdete humane Orientierung zu besinnen und zu verpflichten. Deshalb lautet meine Empfehlung, die Tafel nicht abzuhängen, sondern einen Abguss als Exponat in ein Rechtsmuseum zu expedieren, und überdies deutlich zu machen, dass das Original der Tafel seit den fünfziger Jahren im BGH hängt und der Erinnerung an Juristen diente, die man würdigen wollte, ohne ihr geschichtliches Wirken bedacht zu haben. Sie wäre entzaubert, ihr nicht zuletzt in den jüngsten Diskussionen zugeschriebener Nimbus wäre zerstört und stellte sich der Kritik. Sie wäre wichtig, weil sie zugleich an ein nicht nur falsches Verhalten, sondern auch an dessen Verklärung in den fünfziger Jahren, damit auch an das später verklärte, unkritische Verhalten kluger Juristen erinnert.

Kluge Menschen sind offensichtlich nicht gefeit, sich falsch zu verhalten. Es war der katholische Theologe Karl Rahner, der einmal davon sprach, dass kluge Leute es leichter hätten, feige zu sein...Welch ein Potential steckt in diesem Satz, wie leicht vergäbe man die Möglichkeit, sich kritisch mit einem Handeln auseinanderzusetzen, das sich auf Recht, Gesetz und Verfahren beruft!

Wir haben keine Wahl, als zur Vergangenheit zu stehen. Wir müssen sie aushalten. Und wir können das, indem wir sie deutend reflektieren und mit uns konfrontieren. Denn wir sind keine Bilderstürmer und verhalten uns nicht wie die Pharaonen nach einem Dynastiewechsel, die immer wieder die Köpfe der Skulpturen ihrer Vorgänger abschlagen ließen, Epitaphe zerstörten oder wie die puristischen Reformatoren des 16. Jahrhunderts Bilderstürmerei verübten und die Kirchen weißelten.

Geschichte war und bleibt, ob man eine Tafel abhängt oder nicht. Nur wenn sie hängt, bleibt sie anstößig. Nur wenn sie sichtbar bleibt, verlangt sie eine immer neue, durch die Gegenwart beeinflusste Auseinandersetzung mit den Möglichkeiten des Menschen, die sich ebenso als „gute Taten" wie als Verbrechen in der Geschichte entfalten. Geschichte lässt sich nicht weißeln, denn eine Säuberung der Vergangenheit, ein Verstecken und Beschweigen wird immer scheitern, weil Ereignisse nur in Erinnerungsschichten absinken, immer aber neu gehoben werden können. Deshalb verglich der Historiker Johann Droysen die Tätigkeit des Historikers mit der des Bergmanns. Aktiv das Bild der Vergangenheit zu verdunkeln, machte den Historiker zu einem Kleinkind, das das Hemd über den Kopf zieht und ruft: „Such mich doch!"

Deshalb bedürften wir einer ständigen Konfrontation mit der Vergangenheit und mit den Handlungsmöglichkeiten, die sie mit sich brachte – und ich spreche nicht von Zwängen, sondern von Möglichkeiten und Spielräumen, die erkannt, aber eben auch verworfen werden können. Deshalb entfaltet sich in der Erinnerung eine Ahnung von Abgründen, an denen wir stehen. Deshalb brauchen wir eine sich immer verändernde Auseinandersetzung mit ihr (und eine juristische Zeitgeschichte!). Diese Tafel hat neben der Nennung von Namen doch auch eine Botschaft: Wir stehen im BGH dazu, das Verhalten von Richtern falsch eingeschätzt zu haben, wir schließen die Möglichkeit nicht aus, dass sich auch später Kriterien verändern können.

Deshalb sind wir wachsam, deshalb sind wir kritisch der Vergangenheit, der Gegenwart, und uns selbst gegenüber.

Deutlich wird durch das Erinnern aber auch, dass menschliches Leiden niemals nur kollektiv zu erklären, sondern immer auch individuell ist. Insofern ist das Leiden in den Internierungslagern nicht durch den Hinweis auf Schuld und Verstrickung zu relativieren. Es sind die Nachlebenden, die die Unterscheidung zu treffen haben. Vielleicht hilft eine Überlegung von Vaclav Havel über die „Verwicklung eines Menschen" in einem machthierarchisch organisierten System, das Menschen im Hinblick auf das Maß ihrer Verantwortung und Schuld differenziert. Es gäbe „niemandem die volle und unbedingte Verantwortung und Schuld", entbinde zugleich aber nicht von Verantwortung und Schuld, durchdringe die Gesellschaft, zugleich auch den Einzelnen.

Nur oberflächlich betrachtet werde die Gesellschaft in Beherrschte und Herrschende aufgeteilt. Deshalb führe die Trennlinie „de facto durch jeden Menschen, denn jeder ist auf seine Art ihr Opfer und ihre Stütze."[28] Der Riss zwischen Täter und Opfer geht mitten durch den Menschen hindurch. Die Folge ist, dass über Schuld und Schuldlosigkeit, über Verantwortung und Verantwortungslosigkeit, über Mut und Feigheit, über Versagen und Standhalten auf eine Weise nachgedacht werden muss, die in Alternativen, in unterschiedlich gewählten Möglichkeiten nachdenkt, die Ermächtigung und Entmündigung, Aktivität und Passivität, Willfährigkeit und Eigensinn als Möglichkeiten der Reaktion auf eine Zumutung zugleich in den Blick nimmt.

III.

Begriffe wie „Aufarbeitung der Vergangenheit" oder „Vergangenheitsbewältigung"[29] waren nach dem Zusammenbruch diktatorischer Regime niemals einfach zu klären. Sie mussten deswegen stets umstritten bleiben und durch semantische Begriffskontroversen die postdiktatorische Entwicklung belasten. Im Zeitverlauf schliffen sich allerdings anfängliche Vorbehalte der Mitlebenden ab, wurden aber durch den Rigorismus der Nachlebenden immer wieder auf die Probe gestellt und herausgefordert. Die deutsche Geschichte belegt dies exemplarisch. Im Laufe von sechs Jahrzehnten haben sich so nicht nur anfänglich viele Vorbehalte abgeschwächt, sondern wirkten sich neue Maßstäbe aus, die nicht nur auf neue Kenntnisse der Zeitgeschichte rekurrierten, sondern auch den Wertewandel spiegelten.

Zwar wurde der Einfluss der zunächst als Mitlebende, dann als Zeitgenossen, schließlich Angehörige der „Tätergeneration" Bezeichneten auf historische Deutungen geringer. Zugleich rückten die Schicksale der Opfer in das Zentrum der Wahrnehmung. Ethische und moralische Maßstäbe verhinderten, dass die Vergangenheit verging oder an Brisanz verlor. Im Laufe der Zeit wurden neue Opfergruppen in den Blick genommen, die Zwangssterilisierten, die Asozialen, die Zwangs- und Fremdarbeiter, die Deserteu-

---

28 Vaclav Havel, Versuch, in der Wahrheit zu leben, Reinbek 1989, S. 25.

29 Peter Reichel, Vergangenheitsbewältigung in Deutschland: Die Auseinandersetzung mit der NS-Diktatur von 1945 bis heute, 2001.

re, sie alle erklärten, dass mit der zeitlichen Distanz die Verhaltensweise der Täter zunehmend kritisch gesehen wurde. Mit dem Demjanjuk-Prozess trat 2011 schließlich ein grundlegender Wandel der Rechtsprechung ein.[30] Dieser wurde nicht zuletzt durch Strafprozesse belegt, die sich gegen hochbetagte Mitglieder von Wachmannschaften der Konzentrationslager richtete.[31]

Im Laufe der Jahrzehnte wurden aber auch öffentliches Gedenken und Erinnerung neben der juristischen Aufarbeitung als wichtige Elemente gesellschaftlicher und politischer Selbstverständigung über die zeitgeschichtliche Vergangenheit anerkannt. Aufarbeitung wurde zunehmend weniger generationsbedingt umstritten und nicht mehr als Ausdruck eines historisch-politischen Generationskonflikts konfrontativ ausgetragen. Aber bis heute ist die Beschäftigung mit der Vergangenheit nicht risikolos. Dies zeigt sich regelmäßig nicht nur an Gedenktagen, die der zivilisatorischen Selbstvergewisserung und nicht zuletzt der Bestätigung und Bekräftigung der Menschenrechte und der daraus abzuleitenden politischen Verpflichtungen dienen, sondern auch an der Geschichte der Auseinandersetzung.

Reinhard Strecker hatte als Student in den sechziger Jahren eine der ersten Ausstellungen über die „ungesühnte Nazi-Justiz" gemacht, mit Materialien aus der DDR gewiss, aber mit unstrittigen Dokumenten. Klimatisch war die damalige Atmosphäre höchst aufgeladen, die DDR-Regierung beunruhigte die westdeutschen Behörden durch immer neue Auflagen von „Braunbüchern". Streckers berufliche Karriere bekam dadurch einen Knick, aber zeitigte Wirkung, die dann viele Jahre später zu seiner Ehrung durch die Verleihung des Bundesverdienstkreuzes führte.

Jahrzehnte später ließ das Bundesjustizministerium eine große Ausstellung über die NS-Justiz entwickeln. Sie wurde als Wanderausstellung einer der bemerkenswertesten Ausstellungserfolge der Bundesrepublik. Einige Jahrzehnte später beauftragte das Justizministerium Historiker in der Nachfolge der Erforschung von Kontinuitätslinien des Auswärtigen Amts mit einer kritischen Geschichte des Ministeriums.

Das bedeutete nicht, dass kritisches Gedenken nicht weiterhin riskant war. Allerdings verschoben sich viele Kontroversen in den Bereich der Ge-

30 Angelika Benz, Der Henkersknecht: Der Prozess gegen John (Iwan) Demjanjuk in München, 2011; Heinrich Wefing, Der Fall Demjanjuk: der letzte große NS-Prozess, 2011; Rainer Volk: Das letzte Urteil. Die Medien und der Demjanjuk-Prozess, 2012. Das Urteil bei Christiaan F. Rüter, Dick De Mildt (Hg.): Justiz und NS-Verbrechen. Band 49, Amsterdam 2012, S. 227 ff.

31 Vgl. Claudia von Salzen, Vor seinen Augen, in: Tagesspiegel 23643 v. 7.11.2018, S. 3.

schichte der, wie man sagte, „zweiten deutschen Diktatur“, des SED-Staates. Auch hier verbirgt sich ein weiteres Deutungsproblem der Erinnerungstafel, die sich lesen und deuten lässt als Zeugnis einer ungeteilten deutschen Geschichte zweier deutscher Staaten. Diese Einheit zeigte sich in vielen Gedenkveranstaltungen zum 9. November als eines Tages, der drei kategoriale Ereignisse kollektiver Erinnerung verbindet: Novemberrevolution und Weltkriegsende 1918, Novemberpogrome von 1938 und die Erinnerung an den Mauerfall 1989.

Öffentliches Erinnern an Jahrestagen zeigt, dass gedenktagsaktuelle historische Besinnung im Zeitalter medialer Vermittlung oft nur Anlass für öffentliche Inszenierungen ist, ihnen also eine historische Nachhaltigkeit abgeht. Die Ehrentafel des BGH lässt sich tagesaktuell nicht deuten. Das stellt meines Erachtens eine Chance der nachhaltigen Auseinandersetzung mit der juristischen Zeitgeschichte dar, die in den neuen juristischen Prüfungsordnungen wieder einen Platz durch die vergleichende Auseinandersetzung mit den Rechtssystemen zweier Diktaturen bekommt. Nachhaltigkeit der Erinnerungsarbeit stellt sich so als Anspruch auf eine „Vergangenheitsbewältigung“, der auf die tieferen Schichten in der Wahrnehmung von Vergangenheit abzielt.

Der Frankfurter Soziologe und Philosoph Theodor W. Adorno markierte im Herbst 1959 in einem Vortrag vor dem Koordinierungsrat für jüdisch-christliche Zusammenarbeit eine entscheidende erinnerungskulturelle Zäsur, als er kritisierte, es sei „nicht gemeint, daß man das Vergangene im Ernst verarbeite, seinen Bann breche durch helles Bewußtsein“, sondern „man will einen Schlußstrich darunter ziehen und womöglich es selbst aus der Erinnerung wegwischen.“[32] Ihm kam es wegen seines ideologiekritischen Anspruchs Ende der fünfziger Jahre darauf an, „Verblendungszusammenhänge“ aufzuklären, also durch „Aufklärung über das Geschehene einem Vergessen entgegen(zu)arbeiten, das nur allzu leicht mit der Rechtfertigung des Vergessenen sich zusammenfindet.“[33]

Adorno hatte nicht nur die politische Bildung in der Schule, sondern die zeitgeschichtliche Selbstaufklärung der Gesellschaft vor Augen. Strafverfahren gegen nationalsozialistische Gewalttäter waren bis dahin außerordentlich selten; deshalb fehlte weitgehend eine konkrete Vorstellung von

32 Theodor W. Adorno, Was bedeutet: Aufarbeitung der Vergangenheit, in: ders., Eingriffe: Neun kritische Modelle, 5. Auflage 1968, S. 125.
33 Ebda., S. 139 u. S. 141.

Menschheits- oder Makroverbrechen, wie sie Karl Jaspers[34] in seiner ersten Heidelberger Vorlesung nach dem Ende des NS-Staates und Herbert Jäger unter dem Eindruck der weitgehend abgeschlossenen großen NSG-Verfahren beschrieben hatten.[35]

In den fünfziger und sechziger Jahren kam der Auseinandersetzung mit den Folgen eines überwundenen Unrechtsregimes in Deutschland stets besondere Bedeutung zu, weil es um Bestrafung, Aufklärung, Wiedergutmachung des Unrechts und zugleich auch um die Integration der belasteten Zeitgenossen, der Täter, ging.[36] Bestimmend blieben bei der Bewältigung dieser Herausforderungen die Älteren, die nicht selten, wie führende Juristen, Verwaltungsbeamte, Hochschullehrer und Journalisten, die Fehlentwicklungen betrieben und gerechtfertigt hatten, um die es der Bewältigung des NS-Unrechts in Theorie, Handhabung und Praxis ging. Sie hatten in der unmittelbaren Umbruchzeit zwar durch die von den Alliierten betriebene umfassende Entnazifizierung Stellen und Einfluss verloren, konnten aber in den fünfziger Jahren in der Bundesrepublik wieder einflussreiche Positionen einnehmen.[37]

Seit der Gründung der Ludwigsburger Zentralen Stelle der Landesjustizverwaltungen zur Verfolgung nationalsozialistischer Gewaltverbrechen[38] wurden die Ermittlungen systematischer koordiniert; die großen NSG-Verfahren und die Verjährungsdebatten, schließlich die Ausstrahlung des Fernsehfilms Holocaust bezeichneten eine neue Phase der Auseinandersetzung. In der Folge zeigte sich, dass es dabei nicht nur um die faktische Zeitgeschichte, sondern stets auch um die Aufklärung über die Grundlagen einer zivilisierten, sich zu den Menschenrechten bekennenden Gesellschaft ging. Vielschichtige Konfrontationen der deutschen postnationalsozialisti-

34 Karl Jaspers, Die Schuldfrage. Lambert Schneider 1946.

35 Herbert Jäger, Makrokriminalität. Studien zur Kriminologie kollektiver Gewalt, 1989.

36 Gesine Schwan, Politik und Schuld. Die zerstörerische Macht des Schweigens, 1997.

37 Ich verzichte hier auf eine intensive Auseinandersetzung mit der umfangreichen Literatur, etwa mit Manfred Görtemaker u. Christoph Safferling (Hg.), Die Rosenburg. Das Bundesministerium der Justiz und die NS-Vergangenheit – eine Bestandsaufnahme, 2013; diess., Die Akte Rosenburg. Das Bundesministerium der Justiz und die NS-Zeit, 2016. Ich verweise auf Christian Mentel und Niels Weise, Die zentralen deutschen Behörden und der Nationalsozialismus: Stand und Perspektiven der Forschung, 2016.

38 Adalbert Rückerl, Strafverfolgung von NS-Verbrechen 1945 – 1978. Eine Dokumentation, 1979; siehe jetzt Kerstin Hofmann, „Ein Versuch nur – immerhin ein Versuch", Die Zentrale Stelle in Ludwigsburg unter der Leitung von Erwin Schüle und Adalbert Rückerl (1958–1984), 2018.

schen Gesellschaft mit der NS-Vergangenheit prägten Kunst und Kultur, Publizistik und Literatur, Film und politische Bildung. Öffentlich wirksam wurden nicht zuletzt Auseinandersetzungen mit der Rechtsprechung und die „Abarbeitung“ einer „zweiten Schuld.“[39] Debatten über Globke, Oberländer, Kiesinger und Filbinger machten immer neu deutlich, dass Belastungen, Verstrickungen und Vergehen nicht einfach verdrängt werden könnten, wenn es um die kritische Auseinandersetzung mit den Übergriffen damaliger und nach 1945 weiterhin aktiver Funktionsträger der NS-Zeit ging.

Durch die alltagsgeschichtlichen Bezüge, die seit den siebziger Jahren vor allem durch die politische Bildung gefördert wurden, rückten „ganz normale Menschen“ in den Mittelpunkt kritischer Reflexion. Diese Entwicklung hätte sich Adorno 1959, vor dem Eichmann- und dem Auschwitz-Prozess, so noch nicht vorstellen können. Die Bereitschaft der deutschen Gesellschaft, sich mit dem nationalsozialistischen „Unrechtsstaat“[40] zu beschäftigen, war nicht zuletzt eine Folge der NS-Prozesse, die eine individuelle und gesellschaftliche Konfrontation mit den Nachwirkungen des (überwundenen) Unrechtsstaates verlangten.

Seit den achtziger Jahren zeigte sich, dass die deutsche Auseinandersetzung mit der NS-Vergangenheit eine ganz neue, geradezu als vorbildlich empfundene Bedeutung nach den in vielen Teilen der Welt stattfindenden Systemumbrüchen bekam. Dabei erwies sich die Unausweichlichkeit einer Konfrontation zwischen Tätern und Opfern, zwischen Machthabern und Unterworfenen. Zwischen beiden standen Recht, Gerichtsverfahren und Haftanstalten.

Die Gedenktafel gehört zu den wenigen Beispielen, die dazu dienen können, über den Wahrnehmungswandel von Vergangenheit im Zusammenhang mit den beiden deutschen Systemumbrüchen zu erinnern, die Vielschichtigkeit der handlungsbestimmenden Normen zu verdeutlichen und zugleich einzuladen, sich den Aporien deutscher Geschichte zu stellen, die auch die Rechtsprechung beeinflussten. Die Problematik eines zeitabhängigen Rechts lässt sich ebenso in den Blick nehmen wie die offensichtliche Relativität einer systembedingten Vorstellung von Menschenwürde und der Menschenrechte. Die Aporien des Rechts lassen sich durch eine integrale Auseinandersetzung mit Rechtsbindungen, Leidenserfahrungen

39 Ralph Giordano, Die „zweite Schuld“ oder: Von der Last Deutscher zu sein, 2. Aufl. 2008.
40 Zwei Schwerpunkthefte der Kritischen Justiz, 1984 und 1986 (2.Aufl.).

und historisch gegebenen Gerechtigkeitsvorstellungen nicht auflösen, aber doch wahrnehmen. Dies würde zwar den ursprünglichen Intentionen nicht entsprechen, die zur Platzierung der Erinnerungstafel führten, aber aus dem Wandel der Zeiten und Grundanschauungen einen neuen Rahmen setzen, der zeitbedingte Neuinterpretationen gestattet und erfordert.

Immer wird es im Zuge eines Systemumbruchs und nach der Abschaffung eines diktatorischen Systems zu Konflikten zwischen ehemaligen Tätern und Opfern des Unrechts kommen, die die Gesellschaft zur Stellungnahme und auch zur Parteinahme herausfordern. Immer aber wird deshalb auch über Grenzen und Methoden, Nebenwirkungen und soziale Kosten einer Vergangenheitsbewältigung gestritten. Diese Auseinandersetzung beeinflusst Wertvorstellungen, zwingt zur Aushandlung von Kompromissen, die die Geschichte betreffen. Viele der vehement geführten Debatten zielen weniger auf Ausgleich, mehr auf Anerkennung des Leidens und des Unrechts.

Diese Auseinandersetzungen um den Umgang mit der Vergangenheit entsprechen nicht immer den oft unterstellten Opfererwartungen, wie vor allem die Praxis einer Aufarbeitung von Unrecht nach dem Ende lateinamerikanischer Diktaturen oder der Abschaffung des südafrikanischen Apartheid-Systems zeigten. Es ging den Opfern und ihren Angehörigen um Anerkennung des Unrechts, um Bewusstmachung der Wahrheit, um die Respektierung von Leiderfahrungen. Den postdiktatorischen Regierungen hingegen war die innergesellschaftliche Befriedung und internationale Anerkennung ihrer Bemühung um Aufarbeitung und Wiedergutmachung wichtig. Im Zentrum standen Anerkennung und Achtung der Opfer in der postdiktatorischen Gesellschaft.

Im Zuge der öffentlichen Auseinandersetzungen um Form und Inhalt einer moralischen „Wiedergutmachung" wurden die Chancen einer historischen und politischen, sozial- und politisch-psychologischen Kontextualisierung offensichtlich. Dabei wurden unterschiedliche Erinnerungsbezüge genutzt. Die Debatte über die Vergangenheit ermöglichte eine vielschichtige Konfrontation mit dem Leid anderer und dem eigenen Versagen. Mit den Regimewechseln und Systemumbrüchen gingen Staaten und Systeme. Gesellschaften aber blieben bestehen, mit ihnen auch die Gruppen und Individuen, die die postdiktatorischen Verhältnisse, Wahrnehmungen, Entlastungs- und Erklärungsversuche bestimmten.

Dabei zeigte sich, dass postdiktatorische Gesellschaften nicht nur heterogene Strukturen ausbilden, sondern dass „Täter" und „Opfer" miteinander Wege entwickeln müssen, die ihre jeweiligen Erfahrungs- und Bewusstseinshintergründe respektieren. Hermann Lübbe erinnerte vierzig Jahre nach der Regierungsübernahme Hitlers und drei Jahrzehnte nach dem Ende des NS-Staates an die Tatsache einer jahrzehntelang „beschwiegenen“ Vergangenheit. Er griff einen Gedanken auf, den auch Adolf Arndt in seiner Parlamentsrede als „Kompromiss zwischen Stalingradkämpfer“ und „Widerstandskämpfer“ artikuliert hatte. Diese Versuche, die postdiktatorische Gesellschaft nicht durch Auseinandersetzungen über die Zeitgeschichte zu belasten, wurden desto kritischer gesehen, je größer die zeitliche Distanz zum Jahr 1945 wurde.

Historiker suchen in der Regel nach Meistererzählungen, die beeindrucken sollen und überzeugen können. Ihre Narrative sind deshalb zielgerichtet und haben einen entscheidenden Nachteil, weil sie sich auf eine dominierende Entwicklung der Geschichte konzentrieren. Die Deutung der Vergangenheit entfaltet sich aber nicht in einem abstrakten Rahmen, nicht zwischen Schwarz und Weiß, gut und schlecht, sondern im Für und Wider der Umstände. Das macht einen guten Teil der Schwierigkeiten aus, die sich in der pluralistischen Gesellschaft ergeben, wenn es um Vergangenheit und deren Relevanz für die Gegenwart geht. Generalisierungen werden die Komplexität von historischen Ereignissen, von vergangenem Handeln und Verhalten verfehlen.

Hinzu kommt: Beurteilt werden Handeln und Verhalten nachträglich, aus der Kenntnis des Ereigneten und dessen Folgen. In jede Beurteilung fließen Kenntnisse und Beurteilungen ein, die erst nach den eigentlichen Ereignissen entstanden sind. Das gilt nicht nur für die faktischen Ereignisse, sondern auch für die Rahmenbedingungen des Erinnerns, die historisch, politisch-kulturell, auch situativ durch aktuelle Begebenheiten erklärt werden können. Viele der Dilemmata einer mit Aporien konfrontierten Beurteilung vergangener Ereignisse und Handlungsspielräume ließen sich in den fünfziger und sechziger Jahren durch Historisierung und historisierende Relativierung lösen.

Das stellt sich inzwischen anders dar. In einer Kultur, die sich die Bereitschaft zur „Wokeness“ erklären lässt, wird häufiger als in der Adenauerzeit die generalisierende Ethik beschworen. Damals ging es um die kategoriale Frage, ob „Bonn ... Weimar“ sei oder werde, die moralische Aufladung der zeitgeschichtlichen Beurteilung war eine Folge der Auschwitz-Prozesse und der Verjährungsdebatten. Mit der Wahrnehmung des verbrecherischen Systems des „Dritten Reiches“ bekam die Frage nach der Mitwirkung „gewöhnlicher Männer“ eine moralische Dimension, die zunehmend die Vergangenheit zu einer Art „moralischer Anstalt“ macht.

Dabei wird vergessen, was uns Erich Kästner nahebrachte, nämlich dass „moralisierende Menschen“ einfach gefährlich leben. Sie beschwören in der Auseinandersetzung mit der Vergangenheit Maßstäbe und übersehen dabei, wie es schwer gewesen war, sich an die Maximen zu halten, wie leicht sie verletzt werden konnten. Diese Gefahr einer moralischen Überhöhung und Überforderung sehe ich auch im Hinblick auf die Debatte über die Erinnerungstafel im BGH.

Geschichtspolitische Kontroversen finden auf einer anderen Ebene als die geschichtswissenschaftlichen Kontroversen statt. Sie beziehen sich nicht auf die Fakten, sondern auf Bewertungen. Sie berufen sich dabei auf behauptete oder unterstellte Evidenzen, übersehen aber, dass sie zu einem erheblichen Maß konstruiert werden von Akteuren der geschichtspolitischen Auseinandersetzung. Deshalb müssen Motivationen und Interessen entschlüsselt werden. Wenn die faktische Grundlage schwankt, weil sie unterkomplex interpretiert wird, hat dies Folgen für die moralischen Maßstäbe, die argumentativ beschworen werden. Moralische Argumente ziehen ihre Brisanz aus einer präsentistischen Evidenz, die sie auf gegenwärtige Maßstäbe und diese auf eine Zeit überträgt, die diese Maßstäbe nicht teilte.

Geschichtspolitisch werden im Zuge von Deutungskonflikten in der Regel Wahrnehmungen, Evidenz- und Moralkriterien verschmolzen. Sie verdichten sich zu einem ethischen Postulat, das purgatorisch wirken kann, aber eben, was oft übersehen wird, zeitbezogen bleibt. Vergangenheit lässt sich moralisch bewerten, sagt dann aber zugleich mehr über die Bewertenden als über die vergangenen Tatsachen aus. Die Konsequenz liegt auf der Hand. Denn die Tafel kann in ihren Zeitbedingtheiten, in ihrer sachlichen Problematik und ihren gegenwartsrelevanten Kontexten unterschiedlich und damit auch kontrovers beurteilt werden.

In einer pluralistischen Gesellschaft sind historisch-politische Feststellungen umstritten. Ursprünglich intendierte Würdigungen werden im Zug der Zeiten fraglich. Sie spiegeln keine neuen Fakten, sondern reagieren auf Veränderungen der Erinnerungen selbst. Die in diesem Zusammenhang erhobenen Forderungen nach einer Korrektur, einer Erklärung zielen ja nicht immer auf die stillschweigend vorausgesetzte moralische Klarheit der Urteilenden, sondern den Anspruch der Urteilenden, anders zu sein als die, über die sie urteilen. Aber auch moralische Forderungen bleiben zeitbezogen, haben keinen Ewigkeitswert. Umbenennungen, auch die Aberkennung von Ehrungen, die Beseitigung von Erinnerungs- und Gedenktafeln, die Entsorgung von Denkmälern kann wieder problematisiert werden.

Verteidiger des Bestehenden erinnert der purgatorische Umgang mit der Geschichte an Denkmalstürze, an Orwells Roman „1984“ oder an das Verhalten von Herrschern, die Inschriften und Standbilder zerstören ließen. Initiatoren der Korrekturbestrebungen setzen sich mit gegenwärtig akzeptierten Maßregeln und Normen auseinander, ohne zu erwägen, dass ihre Überzeugungen nicht von allen geteilt werden. Dabei haben sie die Wirkungen von verdinglichten Erinnerungsbezügen für das Gegenwartsverständnis vor Augen. Das ist ebenso verantwortungsbewusst wie ehrenwert, kann zugleich aber umstritten sein. Befürworter wie Gegner von Umbenennungen und Umwidmungen argumentieren ohne das Ziel, ein Aushandlungsergebnis zu erreichen, das gleichsam einen geschichtspolitischen Kompromiss darstellt. Oft lassen die Kontrahenten vermissen, was Luhmann als Beobachtung zweiter oder dritter Ordnung beschrieb, also Bereitschaft, zum Beobachter der Beobachter zu werden, was schließlich dazu führen kann, seine eigenen Interessen und Motive selbstkritisch zu betrachten.

IV.

Geschichtspolitische Debatten über Personen sind häufig moralische Debatten, die sich auf die Bewertung vergangenen Verhaltens konzentrieren, dieses Verhalten nachträglich bewerten, im Zuge dieser Bewertung aber oft auf den Willen verzichten, Handeln und Verhalten zu verstehen. Dabei ist gerade der Versuch, Fehlverhalten zu erklären, für das Verständnis von Spielräumen des Handelns und des Verhaltens wichtig. Nachlebende fühlen sich in der Regel klüger als ihre Vorgänger, wissen sie doch, was sich ereignet hat. Aber macht es wirklich klüger, ein über die Kenntnisse und Erfahrungen der Vorgänger hinausgehendes Wissen zu besitzen, was sich seitdem ereignet hat? Ist man wirklich weiter als die Vorgänger?

Damit komme ich zu meiner ersten Empfehlung für den Umgang mit retrospektiven Bewertungen. Wenn es gilt, rückblickend Handlungsspielräume und ein Verhalten zu bewerten, wenn es wichtig ist, diese Spielräume zu erkennen und für das eigene Verhalten und Entscheiden zu nutzen, dann kommt der kritischen Auseinandersetzung mit dem menschlichen Verhalten im historisch-politischen Kontext der Vergangenheit große Bedeutung für die kritische Bewertung gegenwärtigen, also tagtäglich zu beweisenden aktuellen Verhaltens zu. Dieser Gedanke ist uns vertraut. Denn immer wieder wurde nach 1945 gefragt, wie man sich in den in der Kritik stehenden vergangenen Entscheidungsdispositionen und -freiheiten verhalten hätte, ob man aus Furcht vor Repressionen gebotene Handlungsspielräume genutzt hätte. Mit diesen Fragen treten wir als uns Beobachtende gleichsam neben uns, versuchen den schwankenden Grund zu erkennen, auf dem Gesellschaften und mit ihnen auch wir standen oder stehen. Zugleich aber erliegen wir der Gefahr, im Rückblick die Gegenwart zu vernachlässigen. Vielleicht ist es weniger wichtig zu wissen, wie „man" sich entschieden hätte, als zu beurteilen, wie „man" sich gegenwärtig verhält.

Es handelt sich dabei nicht nur um eine historische Frage, sondern um einen Versuch, das Vergangene zu nutzen, um Klarheit in einer fiktiven Situation zu gewinnen, aber zu übersehen, dass eben aus den Erfahrungshorizonten des Danach die Frage „wie hättest Du..." nur fiktiv eine imaginierte Vergangenheit mit der Gegenwart verbindet. Wenn die Antwort lautet, man hätte sich nicht anders verhalten können, wird nicht nur automatisch vergangenes Fehlverhalten entschuldigt, zumindest verständlich, sondern zugleich werden aktuell gegebene Entscheidungsspielräume verengt. Dann hat die Reflexion über die Vergangenheit wenig mit der Antizipation von potenziellen und prospektiv zu durchdenkenden Bewährungssituationen zu tun.

Wäre aber die Diskussion über eine umstrittene Erinnerungstafel, wie sie uns beschäftigt, nicht geeignet, vergangene Entscheidungssituationen von Juristen zu bedenken, sich zu entscheiden, wie man sie bewertet, auch Stellung zu geschichtspolitischen Entscheidungen zu beziehen, wie sie der deutschen Geschichte wegen ihrer fünf Systemumbrüche und zwei totalitären Diktaturen eigen ist? Dann wäre die Frage nach einem möglichen Verhalten im Sinne von „wie hättest Du Dich...?" nicht mehr antiquarisch, sondern verhaltenskritisch und vielleicht auch zukünftig verhaltensregulierend. Die Auseinandersetzung mit der Gedenktafel könnte auf Gegenwärtigkeit abzielen und die selbstkritische Frage: „Und wie verhalten wir uns im Augenblick, also hier, jetzt, im Heute?" nahelegen.

Ich gebe zu, dass es eine moralische, fast theologisch anmutende Argumentation ist, die ich formuliere. Deshalb will ich meine Intention illustrieren am Beispiel Martin Niemöllers, der nach seiner Befreiung aus der mehrjährigen Lagerhaft in Sachsenhausen und Dachau im Mai 1945 mit seiner Frau Dachau besuchte und sich angesichts der Sterblichkeitsraten plötzlich nach seinem Verhalten in den Jahren der nationalsozialistischen Machtergreifung fragte. Er konfrontierte sich mit seinem Denken und Verhalten im Bewusstsein seines Schweigens angesichts der Verfolgung Andersdenkender vor 1937/38 und richtete eine bohrende Frage an sich selbst: „Martin, wo warst Du?“ Ihm ging es nicht um Selbstrechtfertigung, sondern um Selbstzweifel, die den Grund berührten, auf dem er stand. Er erkannte die Brüchigkeit seines damaligen moralischen Urteils angesichts des späteren Versagens beim Hinsehen, Wahrnehmen, Empören, Handeln von Entrechtung, Verfolgung und Entwürdigung.

Die Wiederholung und Vergegenwärtigung der Frage nach dem augenblicklichen Verhalten böte die Möglichkeit, eine selbstgerechte Hypermoralisierung, wie sie jüngst erneut für die öffentliche Debatte über Erinnern und Gedenken im Zusammenhang mit der Dekolonisierung der Geschichte im öffentlichen Raum formuliert wurde, zu vermeiden. Die Moralisierung der Geschichtsdebatte könnte den Blick auf die Vergangenheit insofern verhaltenskritisch öffnen, wenn der Blick auf die Geschichte nicht nur dem Erwerb oder der Vermittlung von Kenntnissen diente, sondern die implizit vorhandenen moralischen Dimensionen einer geschichtspolitischen Debatte auch selbstkritisch gewendet werden könnten. Dann könnte eine Debatte über Formen des Gedenkens geeignet sein, gegenwärtig gebotenes berufsethisches Verhalten vor einem tatsächlichen, wenngleich historischen Erfahrungshintergrund zu reflektieren. Es geht dann nicht um Selbstsicherheit und Selbstgerechtigkeit gegenüber den Älteren im Sinne eines Generationenkonflikts, sondern um die Reflexion des möglichen eigenen professionellen Versagens.

Damit sind wir bei dem Problem, die Konsequenzen aus einer vergangenen Ehrung, die heutigen Maßstäben nicht mehr standzuhalten vermag, zu ziehen. Unbestreitbar ist, dass sich die Justiz und die Rechtsprechung nach 1933 instrumentalisieren ließen, dass sich nach 1945 kaum Richter fanden, die nicht in Kaiserreich und Obrigkeitsstaat, in der Weimarer Republik sozialisiert worden waren und nach 1933 in die Institutionen der Rechtsprechung einbezogen waren. Die heutige Juristengeneration ist anders sozialisiert, hat ein anderes Selbstverständnis. Dennoch gibt es Konstanten, die Verhalten beeinflussen: Karrieregefühl, politische Grundüberzeugungen, alltagspolitische Empfindungen, Unzufriedenheit im eigenen Beruf.

Ernst Wolfgang Böckenförde hat Anfang der sechziger Jahre beklagt, „die gegenwärtigen Diskussionen (litten) an einem Zuviel an moralischen Vorwürfen und Rechtfertigungen.“ Deshalb wollte er dazu beitragen, dass wir uns nicht sperren gegenüber „sachlichen Fragen."[41] Zugleich aber betonte er das „Hüter- und Wächteramt" der Justiz, das sich im „Ernstfall bewähren" müsste „und nicht nur, wenn seine Wahrnehmung ohne Risiko" war. Widerstand sei kein allgemeines Moralprinzip, „sondern immer eine Sache weniger". Auch sei das „Überlebenwollen noch keine Schande". Die Frage sei allerdings, „inwieweit dieses Handeln... vor dem eigenen Auftrag Bestand" hätte angesichts der „Verantwortung für die Ordnungen der Welt und (der) Grundsätze menschlicher Moral."[42]

Ich sagte eingangs bereits: Nur Staaten und Regime vergehen, Gesellschaften und mit ihnen die Menschen, die diese Gesellschaft bilden, bleiben. Dies ist der eigentliche Kern des von mir hier unterstellten vergeblichen Bemühens, Geschichte unter dem Einfluss eines wechselnden Zeitgeistes immer durch neue Wertvorstellungen zu überformen.

Denn neue, postdiktatorische Gesellschaften lassen sich nicht nur mit den Menschen machen, die sich auf neue Verhältnisse einzulassen und in diese zu fügen haben, sie setzen deren innere Neuorientierung voraus. Postdiktatorische Gesellschaften sind somit nicht nur die Folge eines Systemumbruchs. Sie verlangen auch eine Umorientierung der Nachlebenden, sich auf neue Wertvorstellungen einzulassen. Dies gilt in besonderer Weise für die pluralistisch verfasste Gesellschaft mit gruppen- und lebensgeschichtlichen Erinnerungsbezügen und damit auch wechselnden Inhalten eines konkreten Gedenkens.

In den Köpfen von Menschen in postdiktatorischen Gesellschaften sind oftmals andere Gesellschafts- und Geschichtsbilder vorhanden und werden mitgeschleppt, dann abgeschliffen, schließlich verdrängt. Wir sprechen in diesem Zusammenhang von Zeitschichten, die sich mental überlagern, von der Ungleichzeitigkeit des Gleichzeitigen im Kopf, auch von Epochenverschleppung. So gilt auch für die Bewusstseinsgeschichten, dass Gesellschaften niemals homogen sind, dass die sie bildenden Menschen unterschiedlichen Wertvorstellungen und Prägungen unterliegen. In Erinnerungen, Würdigungen, aber auch in Selbsterklärungen des vergangenen Handelns und Verhaltens, Versagens und Verfehlens schlägt sich dies nieder und zwingt zu Deutungen der Vergangenheit und der eigenen Lebensgeschich-

---

41 Ernst Wolfgang Böckenförde, Kirche und Politik: Zur Problematik des Hüter- und Wächteramts der Kirche, erläutert am Verhalten der Kirche im ‚Dritten Reich', in: ders., Der deutsche Katholizismus im Jahre 1933: Kirche und demokratisches Ethos, Freiburg 1988, S. 117.

42 Ebda.

te, verlangt aber auch eine Erinnerungstoleranz gegenüber Andersdenkenden.

Die Heftigkeit und vielfach zu beobachtende Unbedingtheit geschichtspolitischer Kontroversen ließen sich entschärfen, wenn es gelänge, die im Zuge der Generationen durch die Zeiten veränderten Erklärungs- und Rechtfertigungsmuster zu tolerieren, Vielfalt der Denkvorstellungen als Herausforderung für politisch-kulturell prägende Sinndiskussionen zu begreifen, also nach sozialen Erfahrungs- und Erwartungshintergründen zu fragen. Dabei entsteht nicht zuletzt als Folge historischer Korrekturen, eine schärfere Sicht auf Tatsachen, Zusammenhänge und Komplexität, die Vergangenheit ausmacht. Dabei zeigt sich, dass Manifestationen von Erinnerungen, von Rechtfertigungen nicht über alle Zeiten standfest sind, unkritisiert und nicht hinterfragt bleiben. Dabei kommt es zu kritischen Infragestellungen von Würdigungen, von Ehrungen, von Erinnerungen, zu Forderungen, Interpretationen nicht weiter ungefragt zu prolongieren, Straßen und Schulen umzubenennen, Orden abzuerkennen, Denkmäler zu schleifen.

Dabei kann sich weiterhin Unsicherheit und Ungewissheit des Urteilens heilsam auswirken, denn die rückwärtsgewandte Kritik ist nur gegenwärtig, nicht aber zukunftssicher. Gedenken in einer pluralistischen Gesellschaft ist immer fluid, abhängig von Interessen und Initiativen, reagiert vehement, auf Schweigespiralen der Fraglosigkeit oder auf eine Hypermoralisierung aus Selbstgewissheit.

Wie aber kann es gelingen, verständliche Revisionen des historischen Werturteils gegenwartskritisch und selbstreflexiv zu nutzen und zum Element einer Werteorientierung zu machen, die nicht nur Konzessionen an Gegenwartsstimmungen macht, sondern über den Zeitraum hinausdenkt, den wir Gegenwart nennen? Denn gerade darauf kommt es ja, der vielen Sonntagsreden über die Bedeutung der Kenntnis der Vergangenheit eingedenk, an. Wenn es gilt, in der historischen Reflexion Maßstäbe des Zusammenlebens zu begründen, gleichsam aus geronnener Erfahrung zur Grundlage des Miteinanders, der Begrenzung des Staates, der Toleranz, des Respekts vor anderen werden zu lassen, kommt es darauf an, sich im Zusammenhang mit Gedenken die Motive des Revisionsbestrebens bewusst zu machen.

Erinnern und Gedenken lassen sich nicht nur nationalhistorisch begründen. Ebenso wichtig ist es, einen eigenen Maßstab zur Bewertung des Denkens und Verhaltens zu entwickeln. Er kann Kriterien für eine selbstkritische Reflexion des Verhaltens erschließen. Denn wenn erst der Maßstab Phänomene und Urteilsbegründungen verschafft, wie Mircea Eliade feststellte, dann kommt es auf die kritische Konstruktion dieses Maßstabes an.

Das war das Ziel dieser Überlegungen: Konturen eines verhaltenskritischen Erinnerungsbezugs zu skizzieren, Erfahrungen mit kritischer Selbsterkenntnis der eigenen Möglichkeiten des Bewährens und des Versagens zu integrieren. Dabei stellt sich die Frage nach der Kontrastfolie. Sie lenkt den Blick auf die deutsche Gesellschaft, die zweimal mit antizivilgesellschaftlichen Bewegungen und Strukturen konfrontiert worden ist und daraus den Anspruch ableitete, aus der Geschichte gelernt zu haben. Die diktatorische Praxis war nicht allein eine Folge des Regierungshandelns, sondern hatte die Mitwirkung vieler zur Voraussetzung, die die Ziele der Regierung teilten, akzeptieren oder sich pragmatisch verhielten. Der Justiz kam dabei eine besondere Bedeutung zu. Die Macht des Staates wurde sichtbar, wenn das „scharfe Schwert des Rechtes“ geführt wurde. Gehändelt wurde dieses von Juristen, die ihre Handlungsspielräume nicht selten erkannt und genutzt hatten. Heute ist es nicht ungewöhnlich, Begriffe wie Justizunrecht oder gar Justizmord zu verwenden, sich von „furchtbaren Juristen“ abzuwenden. Es bleibt wichtig, die Voraussetzungen einer Praktizierung des Unrechts kritisch zu prüfen, auf allen Verhaltensebenen – vom Parlament über die Regierung bis zur Rechtsprechung und zum einzelnen Juristen zu prüfen, sich mit Verhaltensmöglichkeit zu beschäftigen und daraus berufsethische Konsequenzen zu ziehen.

V.

In einem Roman „Kaiserwetter“ von Karl Jakob Hirsch wird ein Rechtsanwalt Vries geschildert, der sich in einen Prozess vergräbt. Dieser Roman erschien 1931 und gehörte zwei Jahre später zu den ersten der auf dem Berliner Opernplatz verbrannten Bücher. Er reflektiert Jahrzehnte vor Lahusens Darstellung den Umgang mit „Normalität“, mit Erwartungen, die an das Recht, an alle, die mit ihm zu tun haben, zusammenhängen.

In diesem Roman ist ein Rechtsanwalt einer der Protagonisten, ein Rechtsanwalt, der im Rahmen eines Verfahrens gezwungen wird, sich selbst in den Blick zu nehmen, also sich als Mitglied einer Gesellschaft wahrzunehmen, die sich durch politische Selbstsicherheit in einer Selbstgerechtigkeit eingerichtet hat. In der Solidarisierung mit dem Angeklagten und zugleich in der Distanzierung von seiner Umgebung erkennt er, „wozu ich fähig bin“, es durchschießt ihn plötzlich eine Einsicht, die sein weiteres Verhalten als Anwalt bestimmt. Denn wenn er weiß, wozu auch er fähig wäre, dann gilt auch: „also kann ich alles verstehen. Wir kennen uns selbst, wir alle sind (eines) Mordes fähig“.[43]

In dieser blitzartig ihn überkommenden Einsicht ist jene selbstkritische Eigenreflexion zu greifen, die wir als Nachlebende von den vor uns Lebenden, Entscheidenden und Fehlenden verlangen. Eine selbstkritische Annäherung an vergangenes Verhalten ist etwas anderes als eine advokatisch betriebene Auseinandersetzung mit vergangenem Verhalten – und Fehlverhalten – rechtfertigen kann. Es geht dann nicht um die Kritik an nicht mehr zeitgemäßer Würdigung, sondern um die Auseinandersetzung mit der Frage, wie es überhaupt zu derartigem Würdigen kam, also um eine Historisierung nicht der Fakten, sondern der Erinnerung. So machte es gleichsam metaphorisch Sinn, wenn unser Protagonist nachdenkt über sich selbst und seine Gesellschaft: „Er wollte sie sehen, die ‚gerechten Richter‘ und den ‚bösen Verbrecher‘. Er freute sich auf die Würde des Staatsanwalts, auf die satten und behaglichen Mienen der Zeugen, die dastehen und sich sehr gottähnlich fühlen würden, wenn der Gerechtigkeit Genüge getan wäre, so nannte man es doch…“

Diese selbstkritische und selbsterhellende Erkenntnis des Anwalts hat mich elektrisiert. Ich entdeckte sie zufällig. Sie sprang mich an, denn sie hat viel zu tun mit dem, worum es hier geht: Das Versagen der Öffentlichkeit und des Gerichts, die Verfehlung der Rechtsprechung, mit der Möglichkeit, dass Recht gar nicht Recht ist, sondern Unrecht umschließt, erfordert nicht nur moralische Selbstgewissheit der Nachlebenden, sondern auch die Einsicht in die geringe Berechtigung zu einer Haltung der Überheblichkeit, der Selbstgerechtigkeit.

43 Karl Jacob Hirsch, Kaiserwetter, Frankfurt/M. 1981 (zuerst 1931), S. 207.

„Täter und Opfer, Täter als Opfer. Das NKWD-Lager Mühlberg und die Erinnerungskultur an kommunistische Gewaltverbrechen nach 1989/90"

Stefan Donth
Gedenkstätte Berlin-Hohenschönhausen

Täter als Opfer? Was bedeutet das? Können denn Täter überhaupt zu Opfern werden? Für die geschichtliche Aufarbeitung der Gedenktafel „Zum Gedächtnis der 34 Mitglieder des Reichsgerichts und der Reichsanwaltschaft, die in den Jahren 1945 und 1946 in den Lagern Mühlberg an der Elbe und Buchenwald umgekommen sind" ist diese Frage von zentraler Bedeutung. Mit der Diskussion um die Gedenktafel hat die Präsidentin des Bundesgerichtshofs den Blick auf die Geschichte der beiden Diktaturen des 20. Jahrhunderts geöffnet. Mein Bericht über das sowjetische Speziallager Mühlberg und die Erinnerungskultur an kommunistische Gewaltverbrechen nach 1989/90 soll dazu beitragen, das Schicksal der Reichsgerichtsräte und Reichsanwälte in den historischen Verlauf einzuordnen.

Die sowjetische Internierungspraxis in den Speziallagern

Die Geschehnisse im Lager Mühlberg fügen sich ein in das sowjetische System der politischen Säuberung. Deshalb ist es sinnvoll, zunächst einen Blick auf die Gesamtzusammenhänge zu werfen, ehe man sich den Vorgängen in Mühlberg nähert.

Eine Absprache zwischen den alliierten Siegermächten sah vor, dass Personen und Personengruppen, die in besonderer Weise die NS-Herrschaft gestützt hatten, interniert werden sollten. Denn Internierungen galten als Instrument der politischen Säuberung. Insofern war das in der Sowjetischen Besatzungszone (SBZ) eingerichtete System der Speziallager eine Folge des Zweiten Weltkrieges.[1] Die damit verbundenen Ziele unterschie-

1 Julia Landau/Enrico Heitzer: Einleitung, in: Julia Landau/Enrico Heitzer (Hrsg.): Zwischen Entnazifizierung und Besatzungspolitik. Die sowjetischen Speziallager 1945–1950 im Kontext, Göttingen 2021, S. 9–25.

den sich allerdings fundamental von denen der westlichen Alliierten: Nach ihrem Sieg über Deutschland begann die sowjetische Besatzungsmacht, in der SBZ schrittweise die kommunistische Diktatur durchzusetzen. Dabei bildeten die Speziallager einen integralen Bestandteil des stalinistischen Lagersystems.[2]

Die Geschichte der Lager in der SBZ beginnt mit dem Befehl 00315 des Volkskommissariats für Innere Angelegenheiten (russisch abgekürzt NKWD) vom 18. April 1945, dem sogenannten „Speziallagerbefehl". Dieser enthielt Kriterien, nach denen Personen interniert werden sollten. Darunter fielen Mitarbeiter des nationalsozialistischen Repressionsapparates. Ausdrücklich aufgeführt waren auch Mitarbeiter „deutscher Straforgane". Die Internierungen erfolgten ohne Beweisaufnahme und richterliche Prüfung. Es gab kein unabhängiges Rechtswesen.[3]

Die sowjetische Internierungspraxis verfolgte zwei Ziele: Die „Mobilisierung von Arbeitskräften" und die „Säuberung". Dabei öffnete die Kategorisierung von Menschen als „feindliche Elemente" der sowjetischen Geheimpolizei einen breiten Spielraum, um auch missliebige Personen ohne NS-Hintergrund internieren zu können.[4]

In der SBZ existierten von 1945 bis 1950 zehn Lager. Auch in Hohenschönhausen befand sich 1945/46 ein Speziallager. Aufgrund ihrer Vorgeschichte sind Buchenwald und Sachsenhausen am bekanntesten: Hier wurden die Standorte der nationalsozialistischen Konzentrationslager weiterbetrieben. Zwischen 1945 und 1950 registrierte das NKWD in den Lagern rund 158.000 Häftlinge, darunter über 122.000 deutsche und mehr als 34.000 sowjetische Staatsangehörige. Neuere Forschungen gehen von bis zu 176.000 Häftlingen aus.[5]

---

2 Galina Ivanova: Das sowjetische Lagersystem in der Nachkriegszeit, in: Julia Landau/Enrico Heitzer (Hrsg.): Zwischen Entnazifizierung und Besatzungspolitik. Die sowjetischen Speziallager 1945–1950 im Kontext, Göttingen 2021, S. 165–175.

3 Befehl des Volkskommissars für Inneres Nr. 00315 „Zur teilweisen Abänderung des Befehls des NKWD der UdSSR Nr. 0016 vom 11. Januar 1945" vom 18. April 1945, in: Ralf Possekel (Bearb.): Sowjetische Speziallager in Deutschland 1945–1950, Band 2. Sowjetische Dokumente zur Lagerpolitik, Berlin 1998, S. 178–180.

4 Jörg Morré: Sowjetische Speziallager in Deutschland, in: Anna Kaminsky (Hrsg.): Orte des Erinnerns. Gedenkzeichen, Gedenkstätten und Museen zur Diktatur in SBZ und DDR, Berlin 2016, S. 610–614.

5 Jörg Morré: Gulag auf deutschem Boden? Sowjetische Speziallager in der SBZ/DDR, in: Julia Landau/Enrico Heitzer (Hrsg.): Zwischen Entnazifizierung und Besatzungspolitik. Die sowjetischen Speziallager 1945–1950 im Kontext, Göttingen 2021, S. 176–189.

35 Prozent der Inhaftierten überlebten die Speziallager nicht: Sie verhungerten, erfroren, starben aufgrund der unzureichenden medizinischen Versorgung sowie an Entkräftung und an Hoffnungslosigkeit. Die hohe Todesrate belegen die nach 1990 erstellten Totenbücher. Auch wenn in den Speziallagern durchaus Gefangene aufgrund unmenschlicher Haftbedingungen starben, wie gerade das Beispiel der Reichsgerichtsräte zeigt, ist die hohe Sterblichkeit anders als in den nationalsozialistischen Konzentrationslagern nicht auf eine bewusste Intention der Wachmannschaften zurückzuführen. Vielmehr starb der Großteil der Menschen an Mangel, Desorganisation und Gleichgültigkeit der Besatzungssoldaten.[6]

Die meisten Lager wurden 1948 aufgelöst, darunter auch Mühlberg. Nur drei bleiben bis 1950 bestehen, als die sowjetische Besatzungsmacht die dann noch 28.000 internierten Personen an die DDR übergab. Nicht alle Gefangenen kamen frei: 14.000 gelangten in den Strafvollzug der DDR, etliche von ihnen wurden in den berüchtigten Waldheimer Prozessen durch die Klassenjustiz der SED zu teils hohen Haftstrafen verurteilt. Viele der letzten Speziallagergefangenen gehörten zu den ersten politischen Häftlingen der DDR.[7]

Das Lager Mühlberg – „Ort des Schreckens"

Die Geschichte des Lagers Mühlberg beginnt 1939: Hier wurden bis zum Ende des Zweiten Weltkrieges 240.000 Kriegsgefangene untergebracht. Ca. 3.000 Soldaten – 2.400 Angehörige der Roten Armee und 600 Soldaten der Westalliierten – mussten sterben, ehe die Rote Armee am 23. April 1945 das Lager befreite. Fünf Monate später, im September 1945, entstand auf dem

6 Initiativgruppe Lager Mühlberg e. V. (Hrsg.): Totenbuch. Speziallager Nr. 1 des sowjetischen NKWD Mühlberg/Elbe, Mühlberg/Elbe 2008, S. 17–26. Anne Kolouschek: Die medizinische Versorgung am Beispiel der Speziallager Mühlberg und Bautzen und die Einbindung deutscher Häftlingsärzte, in: Julia Landau/Enrico Heitzer (Hrsg.): Zwischen Entnazifizierung und Besatzungspolitik. Die sowjetischen Speziallager 1945–1950 im Kontext, Göttingen 2021, S. 232–254.

7 Jörg Morré: Gulag auf deutschem Boden? Sowjetische Speziallager in der SBZ/DDR, in: Julia Landau/Enrico Heitzer (Hrsg.): Zwischen Entnazifizierung und Besatzungspolitik. Die sowjetischen Speziallager 1945–1950 im Kontext, Göttingen 2021, S. 176–189.

Gelände das Speziallager Nr. 1.[8] Hierher wurden auch die 34 Reichsgerichtsräte und Reichsanwälte gebracht.[9] Über die Inhaftierung dieser Justizfunktionäre durch die sowjetische Geheimpolizei August 1945 in Leipzig unterrichtete der Volkskommissar für Innere Angelegenheiten Lavrentij Berija auch den sowjetischen Diktator Josef Stalin.[10]

Zeitzeugen beschreiben Mühlberg als „Ort des Schreckens“. Die unmenschlichen Haftbedingungen galten auch für die Reichsgerichtsräte, wie Gottfried Becker nach 1990 geschildert hat. Becker wurde 1945 als sogenannter „Hitlerjugendführer“ von der sowjetischen Geheimpolizei verhaftet. Er war 19 Jahre alt, als er in das Lager Mühlberg gebracht wurde. Dort wurde er bis 1948 gefangen gehalten. Er hat nach der Friedlichen Revolution über die Geschichte des Speziallagers berichtet und gründete 1991 mit Haftkameraden die Initiativgruppe Lager Mühlberg.[11]

Gottfried Becker erinnerte sich: „Ganz besonders hatten es ihm [dem von den Sowjets eingesetzten Lagerleiter, S.D.] – die Reichsgerichtsräte angetan: „Die Reichsgerichtsräte werde ich vernichten!“ Die lagen auch mit in unserer Baracke und mussten sich das anhören – es waren die alten Herren, die vor uns vom Auto geklettert waren. [...] Auf alle Fälle machte er seine Drohung wahr. Die alten Männer gingen alle in die „Jauche“. [...] Mit Eimern und von Hand zu Hand gereicht, mussten die großen Abortgruben leergeschöpft werden. Der Eimerinhalt wanderte in einen Jauchewagen, wie ihn die Bauern zum Düngerausbringen auf die Felder benutzten. Dann mussten sich die Häftlinge davor spannen, und per Menschenkraft wurde das Gefährt nach draußen auf ein Feld geschoben, wo das Fass abgelassen wurde. Diese Tortur hielt keiner lange aus.“[12]

---

8 Initiativgruppe Lager Mühlberg e. V. (Hrsg.): Totenbuch. Speziallager Nr. 1 des sowjetischen NKWD Mühlberg/Elbe, Mühlberg/Elbe 2008, S. 25–26. Achim Kilian: Mühlberg 1939–1948. Ein Gefangenenlager mitten in Deutschland, Köln 2001, S. 53–172.

9 Andreas Weigelt: Chronik der Initiativgruppe Lager Mühlberg e. V., Mühlberg/Elbe 2010, S. 30 und S. 95. Achim Kilian: Einzuweisen zur völligen Isolierung. NKWD-Speziallager Mühlberg/Elbe 1945–1948, Leipzig 2000, S. 201–202.

10 Bericht Berijas an Stalin, Molotov und Malenkov über die bisherige Tätigkeit der NKWD-Operativgruppen in Deutschland vom 10. September 1945, in: Ralf Possekel (Bearb.): Sowjetische Speziallager in Deutschland 1945–1950, Band 2. Sowjetische Dokumente zur Lagerpolitik, Berlin 1998, S. 205–208.

11 Elisabeth Schuster (Hrsg.), Reite Schritt, Schnitter Tod! Leben und Sterben im Speziallager Nr. 1 des NKWD in Mühlberg/Elbe, Kassel 2005, S. 420–421.

12 Gottfried Becker: „Die ‚Kultura‘ führte eine Scheinwelt vor“, in: Michael Klonovsky/Jan von Flocken: Stalins Lager in Deutschland 1945–1950. Dokumentation, Zeitzeugenberichte, Berlin 1994; S. 112–135, hier S. 118.

Zwischen 1945 und 1948 waren in Mühlberg insgesamt 22.000 Menschen inhaftiert, davon rund 1.500 Frauen und 1.300 Jugendliche. Etwa 6.700 Häftlinge starben.[13]

Zu diesen Toten gehörten auch die Reichsgerichtsräte, die ihr Leben entweder in Mühlberg oder nach 1948 in Buchenwald verloren, wohin die Überlebenden nach der Auflösung des Lagers Mühlberg gebracht worden waren. Drei überlebende Justizfunktionäre wurden in den schon genannten Waldheimer Prozessen angeklagt, einer verstarb 1952 in sowjetischer Haft.[14]

Wegmarken der Aufarbeitung

Nach der Auflösung der Lager 1950 breiteten die Machthaber in Moskau und Ost-Berlin den Mantel des Schweigens über dieses Kapitel der deutschen Nachkriegsgeschichte. Das Gelände in Mühlberg wurde als Truppenübungsplatz genutzt. Landwirtschaft konnte nicht betrieben werden, weil beim Pflügen immer wieder menschliche Skelettteile freigelegt wurden. Deshalb ordnete die DDR-Spitze eine Aufforstung an.

Über all die Jahre versuchten Überlebende oder deren Angehörige, das Gelände und die vermuteten Gräberfelder fotografisch zu dokumentieren. Die Volkspolizei musste regelmäßig Blumen entfernen, die Menschen zum Gedenken an ihre verstorbenen Angehörigen niedergelegt hatten.[15]

Als 1989/1990 – nach über 40-jährigem Schweigen – an den früheren Speziallagern Massengräber entdeckt wurden, ging ein Beben durch die untergehende DDR. Die Delegitimierung der sozialistischen Herrschaft nahm ihren Lauf. Von ähnlicher Tragweite war nur die kurz zuvor erfolgte Offenlegung des geheimen Zusatzprotokolls zum Hitler-Stalin-Pakt: Erst im Zuge der Perestroika hatten Balten und Polen von den geheimen Plänen zur Aufteilung ihrer Länder erfahren.

---

13 Initiativgruppe Lager Mühlberg e. V. (Hrsg.): Totenbuch. Speziallager Nr. 1 des sowjetischen NKWD Mühlberg/Elbe, Mühlberg/Elbe 2008, S. 217. Achim Kilian: Mühlberg 1939–1948. Ein Gefangenenlager mitten in Deutschland, Köln 2001, S. 210–342.

14 Achim Kilian: Einzuweisen zur völligen Isolierung. NKWD-Speziallager Mühlberg/Elbe 1945–1948, Leipzig 2000, S. 201–202.

15 Initiativgruppe Lager Mühlberg e. V. (Hrsg.): Totenbuch. Speziallager Nr. 1 des sowjetischen NKWD Mühlberg/Elbe, Mühlberg/Elbe 2008, S. 27–29.

Nach dem Ende der SED-Diktatur steht die historische Aufarbeitung der Speziallager vor drei Herausforderungen:

- erstens die humanitäre Verpflichtung gegenüber den Angehörigen, die ungeklärten Einzelschicksale aufzudecken,
- zweitens die wissenschaftliche Aufgabe, die Funktion der Lager für die Entnazifizierung und die Durchsetzung der SED-Diktatur zu erforschen,
- und drittens die der Vermittlung, die die heutige Gesellschaft befähigt, sich mit dem historischen Geschehen jenseits von Mythenbildungen und Instrumentalisierungen auseinanderzusetzen.[16]

Erinnerungskultur an die kommunistischen Gewaltverbrechen

Die Geschichte der Lager kann nicht nur auf Grundlage der schriftlichen Hinterlassenschaften der sowjetischen Besatzungsmacht geschrieben werden. Deshalb kommt gerade bei der historisch-politischen Forschungs- und Bildungsarbeit den Zeitzeugen eine zentrale Rolle zu. Ihre Berichte sind unverzichtbare Quellen. Bundespräsident Joachim Gauck hat es in seinem Vorwort für die Publikation „Reite Schritt, Schnitter Tod! Leben und Sterben im Speziallager Nr. 1 des NKWD Mühlberg/Elbe“ prägnant zugespitzt: „Wir besichtigen aus dem Blickwinkel der Inhaftierten eine Zeit, die angeblich eine neue Epoche der Weltgeschichte einläutete“.[17]

Die Initiativgruppe Lager Mühlberg hat in den letzten drei Jahrzehnten eine enorme ehrenamtliche Arbeit geleistet und die Geschichte des Speziallagers erforscht. Besonders hervorzuheben sind die vielfältigen Anstrengungen, die nach 1990 ein öffentliches Erinnern an die Lagertoten ermöglicht haben. Es waren auch Zeitzeugen, die sich große Verdienste um die würdige Anlage eines Hochkreuzes am authentischen Ort erworben haben. Für dieses Engagement ist unsere Gesellschaft den Zeitzeugen zu großem Dank verpflichtet. Zu Recht wurde die Initiativgruppe Lager Mühl-

16 Volkhard Knigge, Günter Morsch, Bernd Bonwetsch, Andrew Beattie und Sergej Mironenko im Gespräch mit Jörg Ganzenmüller, in: Julia Landau/Enrico Heitzer (Hrsg.): Zwischen Entnazifizierung und Besatzungspolitik. Die sowjetischen Speziallager 1945–1950 im Kontext, Göttingen 2021, S. 315–329.

17 Elisabeth Schuster (Hrsg.), Reite Schritt, Schnitter Tod! Leben und Sterben im Speziallager Nr. 1 des NKWD in Mühlberg/Elbe, Kassel 2005, S. 16.

berg 2020 durch die Bundesstiftung zur Aufarbeitung der SED-Diktatur mit dem renommierten Karl-Wilhelm-Fricke-Preis ausgezeichnet.[18]

In den vergangenen drei Jahrzehnten wurden bei der Aufarbeitung der Geschichte der Speziallager große Wissenslücken geschlossen. Besonders hervorzuheben sind die Impulse, die ausgegangen sind und immer noch ausgehen von der SED-Opferbeauftragten beim Deutschen Bundestag und den Landesbeauftragten zur Aufarbeitung der SED-Diktatur. Sie haben bereits wichtige Beiträge bei der Rehabilitierung und Entschädigung der politischen Häftlinge geleistet. Für die historische Aufarbeitung waren und sind die Enquetekommissionen des Deutschen Bundestages, das Stasiunterlagenarchiv und die Bundesstiftung zur Aufarbeitung der SED-Diktatur zentral. Und nicht zuletzt haben die Historikerinnen und Historiker in den Gedenkstätten, an den authentischen Orten der Repression, unser Wissen über die Speziallager erweitert.

Opfer, Täter – ich habe mich ganz bewusst für diese Begrifflichkeiten entschieden. Weit über die Fachöffentlichkeit hinaus diskutieren Wissenschaftlerinnen und Wissenschaftler kontrovers die Zusammensetzung der Häftlingsgesellschaft in den Speziallagern. Es geht ihnen darum herauszuarbeiten, welche sogenannten „faschistischen Verbrecher" – eine zeitgenössische Bezeichnung – in die Lager kamen und worin die kriminelle Schuld der Inhaftierten bestand. Und sich dabei auch der Frage zu nähern, ob Speziallager Orte der Entnazifizierung oder des stalinistischen Unrechts waren. Noch sind die Untersuchungen nicht abgeschlossen, aber es zeichnet sich schon ab, dass viele Häftlinge eine Mitverantwortung für das NS-Unrecht trugen. Letzteres gilt in besonderem Maß für die während der NS-Herrschaft im Reichsgericht tätigen hochrangigen Justizfunktionäre.[19]

Wir wissen aber auch, dass es sich bei vielen der inhaftierten „NS-Täterinnen und -Täter" um Minderbelastete oder auch Unschuldige handelte. Denn es wurden eben nicht nur ehemalige Nationalsozialisten inhaftiert: Wie zuvor beschrieben waren die Lager Teil des Terrorsystems, mit dem

18 Initiativgruppe Lager Mühlberg e. V. (Hrsg.): Totenbuch. Speziallager Nr. 1 des sowjetischen NKWD Mühlberg/Elbe, Mühlberg/Elbe 2008, S. 29. Andreas Weigelt: Chronik der Initiativgruppe Lager Mühlberg e. V., Mühlberg/Elbe 2010. Anna Kaminsky (Hrsg.): Orte des Erinnerns. Gedenkzeichen, Gedenkstätten und Museen zur Diktatur in SBZ und DDR, Berlin 2016, S. 213–214. https://www.bundesstiftung-aufarbeitung.de/de/stiftung/karl-wilhelm-fricke-preis/verleihung-2020.

19 Julia Landau/Enrico Heitzer: Einleitung, in: Julia Landau/Enrico Heitzer (Hrsg.): Zwischen Entnazifizierung und Besatzungspolitik. Die sowjetischen Speziallager 1945–1950 im Kontext, Göttingen 2021, S. 9–25.

die Sowjetunion in ihrer Besatzungszone die kommunistische Diktatur durchsetzen wollte. Deshalb wurden zunehmend Andersdenkende und Gegner der Kommunisten in den Lagern gefangen gehalten. Hinzu kamen eine Vielzahl weiterer Haftorte wie die berüchtigten Keller der sowjetischen Geheimpolizei (GPU) und andere Gefängnisse. Hier wurden tausende Sozialdemokraten, Christdemokraten und Liberale eingesperrt, die ihren Grundsätzen treu bleiben und eine Demokratie aufbauen wollten. Damit sollte der Widerstand großer Teile der Bevölkerung gegen die Durchsetzung der kommunistischen Diktatur gebrochen werden.[20]

Jede sachbezogene Diskussion muss von der Multifunktionalität der Lager ausgehen. Es wird dem Forschungsgegenstand nicht gerecht, eine einzelne Gruppe herauszugreifen und nur auf dieser Grundlage Schlussfolgerungen für die Zusammensetzung der gesamten Häftlingsgesellschaft zu ziehen. Zahlreiche Inhaftierte geben ein Beispiel dafür, dass Menschen, die in der ersten Diktatur inhuman gehandelt hatten, nun selbst von den Repressionsmaßnahmen der zweiten Diktatur betroffen waren.[21]

Aufarbeitung bedeutet: Genau hinschauen. Nur so können Forscherinnen und Forscher pauschale Schuld- oder Unschuldsvermutungen vermeiden. Unsere gesamtstaatliche Erinnerungs- und Gedenkkultur setzt zu Recht auf die Ergebnisse moderner quellengesättigter Forschungen und orientiert sich an den Werten unserer freiheitlich-demokratischen Grundordnung. Zwei Gedanken sind für die Arbeit in den Gedenkstätten und Erinnerungsorten handlungsleitend: Es ist unverzichtbar, den Unterschieden zwischen den beiden Diktaturen des 20. Jahrhunderts, dem Nationalsozialismus und dem Kommunismus, Rechnung zu tragen – ohne zu relativieren und ohne aufzurechnen. Darüber hinaus ist zu berücksichtigen, dass Menschen- und Bürgerrechte universell gelten und eine antitotalitäre

---

20 Jörg Morré: Sowjetische Speziallager in Deutschland, in: Anna Kaminsky (Hrsg.): Orte des Erinnerns. Gedenkzeichen, Gedenkstätten und Museen zur Diktatur in SBZ und DDR, Berlin 2016, S. 610–614.

21 Volkhard Knigge, Günter Morsch, Bernd Bonwetsch, Andrew Beattie und Sergej Mironenko im Gespräch mit Jörg Ganzenmüller, in: Julia Landau/Enrico Heitzer (Hrsg.): Zwischen Entnazifizierung und Besatzungspolitik. Die sowjetischen Speziallager 1945–1950 im Kontext, Göttingen 2021, S. 315–329. Wolfram von Scheliha: Missbrauchte Geschichte. Die sowjetischen Speziallager als Thema des Geschichtsrevisionismus, in: Julia Landau/Enrico Heitzer (Hrsg.): Zwischen Entnazifizierung und Besatzungspolitik. Die sowjetischen Speziallager 1945–1950 im Kontext, Göttingen 2021, S. 275–298.

Haltung erfordern.[22] Diese Leitlinien haben der Deutsche Bundestag und die Bundesregierung 2008 in der Gedenkstättenkonzeption des Bundes niedergelegt: „Jede Erinnerung an die Diktaturvergangenheit in Deutschland hat davon auszugehen, dass weder die nationalsozialistischen Verbrechen relativiert werden dürfen noch das von der SED-Diktatur verübte Unrecht bagatellisiert werden darf."[23]

Dieser antitotalitäre Konsens verbindet heute Demokraten im Wissen um den menschenverachtenden Charakter der Diktaturen des 20. Jahrhunderts.

Grundgesetz verbietet „Schweigelager"

Bereits die Zeitgenossen bezeichneten die Speziallager als „Schweigelager", in denen Menschen „spurlos verschwanden". Die sowjetische Geheimpolizei erteilte keine Auskünfte über das Schicksal der Inhaftierten und unterband alle Kontakte mit der Außenwelt. Die Forschung zeigt: Diese unmenschlichen Regelungen in der SBZ beeinflussten die Rechtsentwicklung im westlichen Teil Nachkriegsdeutschlands.[24]

Es waren in erster Linie Sozialdemokraten, die in West-Berlin, in der Frontstadt des Kalten Krieges, auf die Missstände hinwiesen. Sie erinnerten dabei auch an ihre eigenen Repressionserlebnisse während der NS-Herrschaft und wandten sich gegen die Willkür in der SBZ.

Aus leidvoller Erfahrung sprach Annedore Leber, die Witwe von Julius Leber, die nach der Zwangsvereinigung von KPD und SPD in der SBZ aus der Partei ausgetreten und nach ihrem Wechsel in die neu gegründete West-SPD in die Berliner Stadtverordnetenversammlung entsandt worden war. Dort ergriff sie am 18. Dezember 1947 das Wort: „In der Angelegenheit aber, die hier zur Debatte steht, werden Personen bestraft, die gar nicht be-

22 Bernd Faulenbach: Diktaturerfahrungen und demokratische Erinnerungskultur in Deutschland, in: Kaminsky, Orte, S. 9–20.

23 Fortschreibung der Gedenkstättenkonzeption des Bundes. Verantwortung wahrnehmen, Aufarbeitung verstärken, Gedenken vertiefen. Unterrichtung durch den Beauftragten der Bundesregierung für Kultur und Medien vom 19. Juni 2008. Deutscher Bundestag, 16. Wahlperiode, Drucksache 16/9875.

24 Kai Cornelius: Der Einfluss der Isolierung von Speziallager-Häftlingen auf die Rechtsentwicklung in Nachkriegsdeutschland, in: Julia Landau/Enrico Heitzer (Hrsg.): Zwischen Entnazifizierung und Besatzungspolitik. Die sowjetischen Speziallager 1945–1950 im Kontext, Göttingen 2021, S. 257–266.

straft werden sollen und die überhaupt nicht die Strafe verdienen. Ja – nämlich die Angehörigen. Denn es sind nicht ausschließlich Nationalsozialisten, die bisher nicht Verbindung zu ihren Angehörigen aufnehmen konnten und die sich im Gewahrsam einer Besatzungsmacht befinden. Nach allem, was ich erlebte, und es war nicht immer leicht für mich im Dritten Reich, war eigentlich das Schrecklichste, das in meiner Erinnerung steht, jene Qualen, Ungewissheit, die ich jahrelang zu durchstehen hatte, als man meinen Mann irgendwo ins Ungewisse verschleppte und ich nicht erfahren durfte, wo er sich befand. Das empfand ich als die unmenschlichste Barbarei."[25]

Die Mütter und Väter des Grundgesetzes setzten dieses wichtige Thema auf ihre Agenda. Während des Verfassungskonvents auf Herrenchiemsee plädierte der von den Nazis verfolgte Sozialdemokrat Otto Suhr, der später dem Parlamentarischen Rat angehörte und von 1955 bis zu seinem Tod 1957 als Regierender Bürgermeister von Berlin amtierte, dafür, dass staatliche Stellen die Angehörigen zukünftig über eine Verhaftung informieren müssen: „Es ist eine Erfahrung aus der Nazizeit und aufgrund der Vorgänge im Osten, das die hier vorgesehene Mitteilungspflicht gegenüber dem Festgenommenen nicht genügt. Es muss unter allen Umständen eine Verbindung mit der Außenwelt hergestellt werden."[26]

Diese Bestrebungen waren erfolgreich. In Artikel 104 Abs. 4 GG heißt es: „Von jeder richterlichen Entscheidung über die Anordnung oder Fortdauer einer Freiheitsentziehung ist unverzüglich ein Angehöriger des Festgehaltenen oder eine Person seines Vertrauens zu benachrichtigen".

Diese Bestimmung des Grundgesetzes ist ein wichtiger Bestandteil unseres Rechtsstaatsprinzips. Auch vor dem Hintergrund der Speziallager war es den Vätern und Müttern des Grundgesetzes ein zentrales Anliegen, staatliches Handeln transparent zu gestalten. Damit wollten sie auch eine erneute Entrechtung des Individuums verhindern.

---

25 Annedore Leber vor der Sitzung der Stadtverordnetenversammlung Berlin am 18.11.1947, zit. nach Kai Cornelius: Der Einfluss der Isolierung von Speziallager-Häftlingen auf die Rechtsentwicklung in Nachkriegsdeutschland, in: Julia Landau/Enrico Heitzer (Hrsg.): Zwischen Entnazifizierung und Besatzungspolitik. Die sowjetischen Speziallager 1945–1950 im Kontext, Göttingen 2021, S. 257–266, hier S. 262–263.

26 Kai Cornelius: Der Einfluss der Isolierung von Speziallager-Häftlingen auf die Rechtsentwicklung in Nachkriegsdeutschland, in: Julia Landau/Enrico Heitzer (Hrsg.): Zwischen Entnazifizierung und Besatzungspolitik. Die sowjetischen Speziallager 1945–1950 im Kontext, Göttingen 2021, S. 257–266, hier S. 264.

Das scheint mir das zentrale Motiv zu sein, aus dem heraus vor über 70 Jahren die Verantwortung der Justiz für Freiheit, Rechtsstaatlichkeit und Demokratie zementiert wurde. Dazu gehört letztlich auch der Umgang mit einer Gedenktafel aus dem Jahr 1957, wenn es aus heutiger Sicht darum geht, inwiefern man an Betroffene erinnern darf, wenn sie zuvor noch Täter waren.

Verantwortung für die Zukunft

Die Lager der Nazis und die der Kommunisten gehören zum europäischen Geschichtserbe. Es ist in gesamtgesellschaftlichem Interesse, die Erinnerung an die beiden Diktaturen des 20. Jahrhunderts wachzuhalten und dabei auch den Umgang mit der Geschichte, wie er in früheren Dekaden gepflegt wurde, zu hinterfragen.

Es reicht nicht zu sagen: So etwas darf nie wieder passieren. Aktuell müssen wir mit ansehen, dass durch Putins Aggression gegen die Ukraine auf europäischem Boden wieder Menschen in Lager gebracht werden. Das können wir – im Unterschied zu den Geschehnissen in Mühlberg – in den Medien verfolgen. Auch aus diesem Grund müssen wir unsere Freiheit verteidigen.

Es ist wegweisend, dass das Europäische Parlament am 19. September 2019 die Bedeutung des europäischen Geschichtsbewusstseins für die Zukunft Europas hervorgehoben hat. In einer Entschließung fordert das Europaparlament „eine gemeinsame Erinnerungskultur, die die Verbrechen faschistischer, stalinistischer und anderer totalitärer und autoritärer Regime früherer Zeiten ablehnt, um die Widerstandskraft gegen aktuelle Bedrohungen der Demokratie zu stärken“.[27] Es ist unser aller Auftrag, diese Entschließung in die Tat umzusetzen – wie es derzeit in der Diskussion um die Gedenktafel im Bundesgerichtshof geschieht.

---

27 Bedeutung der Erinnerung an die europäische Vergangenheit für die Zukunft Europas. Entschließung des Europäischen Parlaments vom 19. September zur Bedeutung des europäischen Geschichtsbewusstseins für die Zukunft Europas (2019/2819 (RSP)).

Wie soll mit der Gedenktafel im BGH verfahren werden?

Thomas Dreier

1. Täter-Opfer und Gedenken: Zur Mehrschichtigkeit der Gedenktafel im BGH

Die Wandtafel im BGH zum "Gedächtnis der 34 Mitglieder des Reichsgerichts und der Reichsanwaltschaft, die in den Jahren 1945 und 1946 in den Lagern Mühlberg an der Elbe und Buchenwald umgekommen sind" ist ja nicht - wie sonst üblich - eine Gedenktafel zu Ehren ausschließlicher Opfer. Als Reichsgerichtsräte und Mitglieder der Reichsanwaltschaft waren die Personen, derer mit der Tafel gedacht wird, eben nicht nur Opfer, die ohne Prozess verhaftet und in den von den sowjetischen Besatzern fortgeführten Konzentrationslagern zu Tode gebracht wurden. Vielmehr waren sie zugleich und zunächst Täter gewesen, die durch ihre Urteile NS-Unrecht verwirklicht hatten. Die Gedenktafel, um die es hier geht, ist mithin mehrschichtig. Hinzu kommt als weitere, die Dualität von Opfer-Tätern - zeitlich korrekter von Täter-Opfern - überlagernde Schicht der Umgang, den die Gedenkenden in der bundesdeutschen Nachkriegszeit gepflegt haben, als sie den Täter-Teil bewusst verschwiegen und allein den Opfer-Part ins Gedenken aufgenommen haben. Nicht zuletzt geht es des Weiteren um die Berücksichtigung der Rolle des Bundesgerichtshofs als Institution, die dafür gesorgt hat, dass die Tafel - trotz zwischenzeitlichen Rückbaus ergänzender Bestandteile wie Bank und Gedenkbuch - bis zum heutigen Zeitpunkt an prominenter Stelle platziert ist.

Wie also umgehen mit dieser mehrschichtigen, auf vielfache Weise belasteten Tafel, mit ihrer Geschichte und mit der Geschichte, für die sie einsteht? Jede Antwort auf diese Fragen wird zu berücksichtigen haben, dass jeder künftige Umgang mit der Tafel der Komplexität seinerseits eine weitere Schicht hinzufügt, die es zu berücksichtigen gilt. Wollte man etwa, um nur die wohl extremste denkbare Lösung zu nennen, die Tafel aus der Wand herauslösen, zertrümmern und die verbleibende Stelle kommentarlos zuputzen, so läge darin seinerseits ein Akt des Verschweigens wenn nicht gar Leugnens der Geschichte ebendieser umstrittenen Gedenktafel, der sich kaum überzeugend rechtfertigen lässt.

2. Optionen eines heutigen Umgangs mit der Tafel

Führt man sich zunächst einmal jenseits aller historischen, politischen und moralischen Erwägungen vor Augen, welche denkbaren Handlungsmöglichkeiten hinsichtlich des künftigen Umgangs mit der Gedenktafel in Betracht kommen, so dürften in abgestufter Reihung im Wesentlichen die folgenden Optionen denkbar sein, bei denen die Tafel entweder entfernt oder an ihrem bisherigen Ort belassen wird.

Unter den *Entfernungs-Optionen* wäre die zweifellos radikalste diejenige der

- Entfernung und Zerstörung der Tafel, und zwar ohne Hinweis *in situ* auf deren vorherige Anbringung und nachfolgende Entfernung. Einen vergleichbaren Effekt hätte es, wenn die Tafel ohne diesbezüglichen Hinweis zwar entfernt, nicht jedoch zerstört, sondern in ein der Öffentlichkeit unzugängliches Depot verbracht würde.
- Eine weitere Option wäre die Entfernung und Zerstörung bzw. das Wegschließen der Tafel, verbunden jedoch mit einem entsprechenden Hinweis *in situ* auf deren vorherige Anbringung und Entfernung.
- Schließlich käme in Betracht, die Tafel zwar zu entfernen, sie jedoch weder zu zerstören noch sie wegzuschließen, sondern sie der Öffentlichkeit in einem Museum zugänglich zu machen. Zu denken wäre hier insbesondere an das künftige Forum Recht, in das sie wegen dessen Fokus auf die Rechtsstaatlichkeit sehr gut passen würde. Dort könnte auch der historische Gesamtzusammenhang entsprechend kontextualisiert und aufgearbeitet werden.
- Auch diese soeben genannte Option könnte zuletzt mit einem Hinweis *in situ* auf die vorherige Anbringung und den aktuellen Verbleib der Tafel gekoppelt werden. Denkbar wäre auch, die Tafel zusätzlich in Form einer Kopie präsent zu halten.

Unter den Optionen des *Verbleibs* wäre

- spiegelbildlich zu den Entfernungsoptionen die wohl radikalste Lösung, die Tafel ohne irgendgeartete zusätzliche Handlungen weiter wie bisher hängen zu lassen.
- In Betracht käme sodann, die Tafel zwar *in situ* zu belassen, sie jedoch mit einem kontextualisierenden Hinweis auf ihre Geschichte, auf dasjenige, was sie verschweigt, sowie auf den historischen Umgang mit ihr seitens des BGH zu ergänzen.

- Darüber hinaus könnte eine Kopie der Tafel für ein Museum bzw. das Forum Recht angefertigt und dort der Öffentlichkeit zum Verständnis der Zusammenhänge in historischer sowie rechtsstaatlicher Sicht präsentiert werden.
- Schließlich ließe sich am Ort der Tafel im BGH bei der soeben genannten Option noch ein Hinweis auf die Kopie im Museum bzw. im Forum Recht anbringen.

Auch weitere Lösungen sind denkbar. So ließe sich der im Kern ja nicht unzutreffende Opfer-Aspekt durchaus durch die Anbringung einer korrespondierenden Tafel um den Täter-Aspekt ergänzen, die symmetrisch zur jetzigen Tafel auf der anderen Seite der Tür zum Sitzungssaal angebracht werden könnte (der historischen Abfolge entsprechend – gelesen wird von links nach rechts – müsste sich dann links wohl zunächst die Tafel befinden, die an das von den Betreffenden als Tätern begangene Unrecht erinnert, und rechts dann die bisherige Tafel mit dem Gedenken an die Betreffenden als Opfer).

3. Kriterien für eine Entscheidung

Welche der genannten Handlungsoptionen sollte nun sinnvollerweise gewählt werden? Und mit welchen Gründen? Die Antwort auf diese Frage hängt ihrerseits entscheidend davon ab, auf welcher Grundlage man argumentiert. Ohne dies hier weiter auszudifferenzieren, lassen sich doch zumindest eine eher politische und eine im Kern moralische Argumentation unterscheiden.

Eine politische Argumentation würde wohl dazu neigen, die Entscheidung anhand einer aktuellen Zweck-Nutzen-Relation zu treffen. Dabei liefe sie Gefahr, lediglich die frühere politische Entscheidung, der Opfer zu gedenken und deren Beitrag als Täter zu verschweigen, durch eine Entscheidung nach heutigen politischen Kriterien zu ersetzen. Ein solches Vorgehen, das sich darauf beschränkt, die vorangegangene durch eine eigene politische Willensentscheidung zu ersetzen, beugt jedoch einer nachfolgenden erneut andersgearteten politischen Willensentscheidung nicht hinreichend vor.

Dagegen spricht für eine moralische Argumentation, dass Handlungsempfehlungen auf moralischer Grundlage einen größeren Anspruch an ihre zeitliche Gültigkeit erheben können als rein politisch motivierte Entscheidungen dies können. Voraussetzung ist freilich, dass Handlungsentscheidungen auf moralischer Grundlage hinreichend sorgfältig erarbeitet worden sind. Immerhin lassen sich dort, wo die an der Entscheidungsfindung Beteiligten in einer konkreten Frage unterschiedlicher Meinung sind, zumeist gemeinsam akzeptierte Prinzipien (Ethiker sprechen insoweit von domainspezifischen *mid-level principles*) formulieren, auf deren Grundlage sich eine gemeinsame Annäherung an eine möglichst überzeugende Lösung der aufgeworfenen Frage erzielen lässt.

Überdies geht es bei der Frage, wie mit der Gedenktafel im BGH verfahren werden soll, im Kern um Fragen des richtigen Handelns, um moralische Fragen also, um Fragen von Schuld, die die Täter auf sich geladen haben, sowie von Unrecht, das ihnen angetan worden ist. Auch die Stellung, die der BGH und seine Vertreter bislang zur Anbringung und zum Verbleib der Tafel bezogen haben und weiterhin beziehen, ist eine moralische Frage nach dem richtigen Handeln angesichts der bisherigen – wie ausgeführt mehrfach geschichteten – Vergangenheit.

4. Einige Erwägungen zur Entscheidungsfindung

Eines der genannten moralischen Prinzipien, auf das man sich wohl verständigen können wird, lautete, dass der künftige Umgang mit der Gedenktafel im BGH nicht zu einem Verschweigen historischer Ereignisse oder des eigenen Handelns führen darf.

Damit scheiden einige der zuvor unter Ziff. 2 aufgelisteten Optionen aus.

Das betrifft zum einen die Option, die Tafel zu entfernen und zu zerstören oder auch wegzuschließen, jedenfalls sofern dies nicht um einen Hinweis auf die frühere Anbringung und die Gründe für Ihre Entfernung erfolgt. Dieser Hinweis dürfte auch die Rolle des BGH während der Zeit des Verbleibs nicht verschweigen, ist diese mit der Geschichte der Tafel und dem, wofür die Tafel einsteht, doch untrennbar verbunden.

Zum anderen scheidet die Option aus, die Tafel ohne kontextualisierenden Hinweis hängen zu lassen. Ein solches Vorgehen verschwiege nämlich sowohl die Taten der Reichsgerichtsräte als auch die Geschichte und den Umgang mit der Tafel durch den BGH selbst.

Übrig bleiben demnach die folgenden Optionen:

Bei *Entfernung*

- entweder die Zerstörung bzw. das Wegsperren, verbunden mit einem Hinweis, der die vergangene Anbringung und das lange Hängen erklärt,

- oder die Überführung der Tafel in ein Museum bzw. das Forum Recht, auch hier wiederum verbunden mit einem Hinweis zumindest auf den aktuellen Verbleib, wie die Geschichte von Anbringung und Zeit der Sichtbarkeit. Gegebenenfalls könnte der Platz der ins Museum bzw. das Forum Recht verbrachten Originaltafel durch eine Kopie gefüllt oder die Tafel mittels einer Abbildung repräsentiert werden.

Entscheidet man sich dagegen für das *Hängenlassen*,

- so bedarf es entweder eines umfassenden kontextualisierenden Hinweises, der auch die Rolle des BGH nicht ausspart,
- oder es könnte darüber hinaus eine Kopie in ein Museum bzw. das Forum Recht verbracht werden, wiederum verbunden mit einem Hinweis *in situ* auf deren museale Ausstellung.

Ein zweites moralisches Prinzip lässt sich aus der Vielschichtigkeit der Fragestellung ableiten. Da der sichtbare Teil – also der Text der Tafel und die Angabe des Ortes, an dem sie sich aktuell oder künftig befindet – ihren historischen Gesamtzusammenhang nicht erschöpfend zu erklären vermag, erscheint es geboten, sie mit einem Zusatz zu versehen, der dem Betrachter diesen Gesamtzusammenhang erklärt.

Damit sind die verbleibenden moralisch plausiblen Vorgehensmöglichkeiten erneut wie folgt eingeschränkt:

- Will man sich für das *Entfernen* und Zerstören bzw. Wegsperren und einen bloßen Hinweis entscheiden, ist die Verbringung in ein Museum bzw. das Forum Recht zwar nicht zwingend geboten, einer umfassenderen Aufarbeitung jedoch förderlich.
- Will man sich dagegen umgekehrt für einen *Verbleib* der Tafel *in situ* entscheiden, bedarf es – wie ausgeführt – mindestens eines umfassenden kontextualisierenden Hinweises, der auch die Rolle des BGH nicht ausspart. Die zusätzliche Ausstellung einer Kopie der Tafel in einem Museum bzw. dem Forum Recht würde für die Auseinandersetzung mit der Täter-Opfer-Problematik auch bei dieser Option eine zusätzliche Plattform bieten.

Sofern man sich am jeweils anderen Ort – bei Entfernung also im BGH bzw. bei Verbleib im Museum bzw. im Forum Recht – mit einer Kopie behelfen will, wäre der Entscheidung zwischen Entfernung und Verbleib freilich insoweit die Schärfe genommen, als es lediglich darum geht zu entscheiden, ob besser der BGH das Original oder die Kopie und das Museum/Forum Recht die Kopie oder das Original erhalten soll.

5. Versuch einer Handlungsempfehlung

Wie also sollte unter Beachtung der erörterten Gesichtspunkte entschieden werden?

Wägt man die Alternativen des Entfernens und des Verbleibs unter den zuletzt genannten Bedingungen gegeneinander ab, so hat ein *Verbleib* mit ergänzender Kontextualisierung zunächst den Vorteil, dass die Tafel den aktiven Richtern als beständige Mahnung vor Augen bliebe, bei der Anwendung des Rechts nicht ihrerseits zu Tätern zu werden. Auch im kurz zuvor vom BGH entschiedenen Fall der an der Außenfassade der Wittenberger Stadtkirche bis heute angebrachten sog. Judensau vertrat das Gericht bekanntlich die Auffassung, die in der Plastik liegende Kollektivbeleidigung und – nach heutigen Maßstäben – Volksverhetzung könne durch einen deutlichen Kontextualisierungshinweis hinreichend abgemildert werden. Mit dieser Lösung konnte sich übrigens auch der Zentralrat einverstanden erklären. Nun ging es in diesem Fall – anders als vorliegend bei der Gedenktafel im BGH – um ein Kunstwerk, dessen Verbleib *in situ* nochmals größeres Gewicht als einer bloßen Gedenktafel zukommt. Allerdings, dies nur am Rande, verdeutlicht gerade der jüngste Fall des wegen antisemitischer Motive kritisierten Bildes der Gruppe „Taring Padi" auf der Dokumenta 15, das zunächst verhüllt und nachfolgend abgehängt wurde, dass sich insoweit allseits überzeugende einheitliche Beurteilungsmaßstäbe noch nicht herausgebildet haben.

Aber auch die *Entfernung* der Tafel und ihre Verbringung ein Museum bzw. das Forum Recht hat gute Gründe für sich. Dafür spricht meines Erachtens zunächst, dass es immer noch der BGH ist, der das Gedenken ausspricht, so lange die Tafel an der Wand im BGH verbleibt. An dieser Tatsache vermag auch ein kontextualisierender Hinweis nur bedingt etwas zu ändern. Zugleich böte eine Verbringung der Tafel in ein Museum bzw. das Forum Recht die zusätzliche Chance, dass der Kontext dort viel ausführlicher und detailreicher aufgeschlüsselt werden könnte, als dies im begrenzten Raum im BGH geschehen könnte. Nicht zuletzt wäre die Tafel in einem Museum bzw. dem Forum Recht einer weit größeren Zahl von Personen zugänglich als im BGH und die Problematik wäre aus der Binnensphäre der Rechtsprechung in den allgemeinen rechtsstaatlichen und staatsbürgerlichen Diskurs überführt.

Im *Ergebnis* würde ich also dafür plädieren, die Tafel im BGH zu entfernen und sie in das künftige Forum Recht zu überführen. Dort könnte sie und die mit ihr verbundene Problematik – nicht zuletzt auf didaktische Art und Weise – umfassend kontextualisiert und aufgearbeitet werden. Zugleich sollte am bisherigen Ort ein Hinweis auf die frühere Anwesenheit der Tafel verbleiben.

Alternativ wäre freilich nach wie vor daran zu denken, die bisherige Gedenktafel, die allein den Opfer-Aspekt anspricht, um eine symmetrisch angeordnete Tafel gleicher Größe zu ergänzen, die an den zeitlich vorgängigen Täter-Aspekt erinnert und somit zugleich des Unrechts gedenkt, das die auf der bisherigen Tafel Angesprochenen als Täter ihren Opfern angetan haben.

Stellt die Gedenktafel an die Justizjuristen des Reichsgerichts, die im sowjetischen Speziallager ihr Leben verloren, ein Ärgernis dar?

Edith Raim

Einerseits gibt es genügend Gründe, die Tafel zu entfernen: Die Rechtsprechung, an der diese Männer als Staatsanwälte und Richter während der nationalsozialistischen Diktatur beteiligt waren, verdient diesen Namen nicht. Alle wesentlichen Prinzipien des Rechtsstaates wurden von den NS-Gerichten verletzt. Es gab keine Gleichheit vor dem Gesetz mehr, es galt die Vorstellung, alles sei recht, was dem Volke nütze, Angeklagte wurden ohne Rechtsbeistand zum Tod verurteilt. Außerdem gilt: Die Juristen, die beim Reichsgericht tätig waren, konnten sich weniger als andere Deutsche darauf berufen, sie hätten die Bedeutung der Gesetze und die Folgen dieser Rechtsprechung nicht gekannt. Sie alle waren ausgebildete Juristen mit langjähriger Berufserfahrung und sie erlebten Tag für Tag, wie Recht und Gesetz pervertiert wurden. Wo und wann war ihnen ihr Unrechtsbewusstsein abhandengekommen? Hatten sie wirklich dies alles für die Karriere opfern wollen? Vorbildcharakter kann keiner von ihnen für sich in Anspruch nehmen.

Andererseits widerfuhr auch ihnen Unrecht am eigenen Leib. Nach dem Einmarsch der Roten Armee wurden sie verhaftet und kamen in die Speziallager, wo sie unter erbärmlichen Bedingungen ein Leben in Gefangenschaft fristen mussten. Hunger, Kälte und Misshandlungen prägten die letzten Monate oder Jahre der oft schon betagten Juristen. Ihre letzte Ruhestätte war für ihre Angehörigen unzugänglich. Jeder, der selbst einen geliebten Menschen verloren hat, weiß, welcher Trost in dem Besuch eines Grabes liegen kann und warum es für die, deren Grabstätte unbekannt oder nicht vor Ort ist, Denkmäler gibt, sei es für die Gefallenen des Ersten und Zweiten Weltkrieges, sei es für die Opfer des Holocaust. Es steht jeder zivilisierten Gesellschaft gut an, der Opfer von Unrecht zu gedenken. In diesem Sinne ist auch die Tafel im BGH zu sehen: als eine letzte Erinnerung für diejenigen, die kein (namentlich markiertes) Grab haben.

Bei Regimewechseln gehört ein Bildersturz zum gängigen Repertoire. Während des Dritten Reiches fielen jüdische Schriftsteller wie Heinrich

Heine oder „entartete“ Künstler unter den Bannfluch der neuen Machthaber, die Geschichte wurde buchstäblich umgeschrieben, um Personen und ihre Werke der „damnatio memoriae“ zu überantworten. Und wer kennt nicht die eindrücklichen Fotografien oder Filmsequenzen, in denen Besatzungssoldaten oder die deutsche Bevölkerung in den frühen Nachkriegsjahren ein Hakenkreuz von einem Gebäude entfernen und öffentlichkeitswirksam zerschlagen? In der jüngeren Vergangenheit waren es Büsten von Lenin, Stalin oder Karl Marx, die in den neuen Bundesländern und Osteuropa von den Sockeln gestoßen wurden.

Die Beschäftigung mit den Relikten der NS-Zeit dauert nun schon sehr lange an. Keine deutsche Kommune will mehr eine Hitlerbüste haben, belastete Straßennamen sind mehrere Jahrzehnte nach dem Abschluss der Entnazifizierung erneut ins Visier der historischen Zunft geraten und werden kritisch geprüft, ebenso „Nazikunst“ oder die Belastung von Kulturschaffenden. Dieser Trend hat mit einer generellen Befragung der Demokratie zu tun, die sich anders als früher nicht mehr nur an der Repräsentation durch politische Parteien, Regierungen und Parlamente orientiert, sondern konkrete Machtverhältnisse in Frage stellt und Praktiken zur Erzeugung von Ungleichheit untersucht. Genauer gefragt: Wie demokratisch war die Bundesrepublik Deutschland, wenn in ihr weiterhin die alten Eliten das Sagen hatten? Dies zeigt, wie sich die Sicht auf die Geschichte laufend transformiert.

Vor diesem Hintergrund ist vielleicht nicht so sehr die Erinnerungstafel für die Juristen des Reichsgerichts der Skandal, sondern vielmehr die in unmittelbarer Nähe befindliche Bildergalerie der BGH-Präsidenten. Aus feministischer Perspektive betrachtet hängen da fast ein Dutzend Portraits „alter weißer Männer“, unter ihnen keine einzige Frau. Welche Mechanismen der Exklusion über rund 70 Jahre dazu führten, dass Frauen dieser höchste Posten verwehrt blieb, und welche Bedeutung und Auswirkung es auf das Rechtssystem hatte, dass die Repräsentation der obersten Rechtsprechung der Bundesrepublik stets „männlich“ konnotiert war, verdient eine eigene Untersuchung.

Zurück zur Erinnerungstafel. Wenn Bilderstürmerei etwas verändern würde, würde ich sie sofort unterstützen. Tatsächlich ändern sich gesellschaftliche Prozesse außerordentlich langsam und die Entfernung oder Anbringung eines Denkmals oder einer Plakette wird auf Mentalitäten und Praktiken der Menschen wenig Einfluss haben. Geschichte lässt sich nicht ausradieren, die Entfernung der Tafel macht die dort über Jahrzehnte hinweg praktizierten Erinnerungsrituale (Treffen der Angehörigen, Ablegen von Blumen und Kränzen, Ansprachen) nicht ungeschehen. Sie sind Teil der Geschichte des Bundesgerichtshofs. Vielleicht sollte diese Problematik aber auch als Chance gesehen werden. Deutschland hat eine einzigartige „doppelte Vergangenheit". Es gibt wenige Orte in (West-)Deutschland, wo die Konsequenzen der Gewalt und Willkür, mit der die nationalsozialistische und die sozialistische Diktatur nacheinander das Land überzogen, so eindrücklich gezeigt werden kann. Die Komplexität von Tätern und Opfern wird ebenso deutlich und mahnt vor den Gefahren simplistischer Sichtweisen und undifferenzierter Schwarz-Weiß-Malerei. Hinzu kommt: Es wäre absurd, wenn einerseits an den authentischen Orten, also den Massengräbern der Speziallager Mühlberg an der Elbe und Buchenwald, an die Toten mit neugestalteten Gedenkstätten mit Namenstafeln bzw. mit eigenen Stelen erinnert wird und andererseits am Bundesgerichtshof die Erinnerung ausgelöscht würde.

Für einen angemessenen Umgang ergeben sich auf museologischer Ebene zahlreiche Möglichkeiten, die die Erinnerungstafel problematisieren und kontextualisieren. Die einfachste ist, auf der rechten Seite (quasi kontrapunktisch zu der Gedenktafel auf der linken Seite) konkrete und wissenschaftlich fundierte Informationen anzubringen, die die Komplexität sowohl der „doppelten Vergangenheit" als auch der „Vergangenheitsbewältigung" thematisieren. Hier sollten die Diskussionen um diese Tafel in angemessener Form Eingang finden, um deutlich zu machen, wie mit dieser Vergangenheit gerungen und warum entschieden wurde, die Tafel trotzdem beizubehalten. Die Basisinformationen sind bei der bereits existierenden Beschilderung (unter der Gedenktafel) enthalten. Eine weitere Möglichkeit ist, die Tätigkeiten dieser Juristen am Reichsgericht weiter zu untersuchen und Beispiele von Unrechtsurteilen (mit Recherchen zu den Opfern) ebenfalls in gebotener Nähe zu der Tafel verfügbar zu machen. Das kann in Form einer Broschüre, eines Internetauftritts oder örtlich verankert durch eine Beamerprojektion sein, wo auf Knopfdruck in einer Endlosschleife die Urteile und das Schicksal der Opfer in Auswahl sichtbar gemacht werden. Alternativ könnte ein bildender Künstler oder eine bildende Künstlerin beauftragt werden, die Tafel in ein Kunstwerk zu integrieren, etwa unter Verwendung von Fotos vom Reichsgericht Leipzig oder von den Opfern der NS-Justiz.

Die russische Schriftstellerin Maria Stepanova hat in ihrem Buch „Nach dem Gedächtnis" das Dilemma beschrieben, das sich in der Gedenktafel gut zeigen lässt: „Erinnerung wird überliefert, Geschichte wird geschrieben; der Erinnerung liegt an Gerechtigkeit, der Geschichte an Genauigkeit; Erinnerung moralisiert, Geschichte summiert und korrigiert; Erinnerung ist persönlich, Geschichte träumt von Objektivität; Erinnerung beruht nicht auf Wissen, sondern auf Erfahrung: des Mit-Leidens, Mit-Fühlens, des markerschütternden Schmerzes, der sofortige Anteilnahme verlangt. [...] Wenn die Erinnerung eine Gegenüberstellung von Vergangenheit und Gegenwart organisiert, geschieht dies im Streben nach Gerechtigkeit. Die Leidenschaft für Gerechtigkeit zerreißt wie ein quälender Juckreiz jede feste Struktur, sie lässt uns Vergeltung suchen und fordern, besonders, wenn es um Tote geht, für die niemand mehr eintreten kann außer uns."[1]

Gerade anhand dieser Tafel kann die Frage nach Recht und Gerechtigkeit in vielfacher Form thematisiert werden: War das Recht, an dem die Juristen des Reichsgerichts in der NS-Diktatur beteiligt waren? War es gerecht, was ihnen nach 1945 passierte? Ist es recht und billig, an ihr Schicksal noch heute zu erinnern? Diese Problematisierung zeigt, dass unsere Vorstellungen von Recht und Gerechtigkeit stark zeitgebunden sind und dass wir alle „Kinder unserer Zeit" sind. Oder um es mit Maria Stepanova zu sagen: „Wir alle sind nur vorläufig Herren über die eigene Geschichte."[2]

1 Maria Stepanova: Nach dem Gedächtnis. Berlin 2020, S. 107, S. 114.
2 ebd., S. 382.

Unbelehrbar? … Unbeugsam!

Volkert Vorwerk

Ich bleibe dabei: Sie gehört zerstört; und unter Erhalt ihrer Substanz tragen wir sie ins Forum Recht! Die Antworten der Historiker zum Umgang mit ihr verzwergen das Unrecht und die Schuld der Täter. Sie im Gebäude zu belassen, in dem sich heute Recht verwirklicht, vernebelt richterliche Irrwege in der Zeit, die den Neuanfang nach dem Zusammenbruch verdeutlichen sollte. Zu viele sind an ihr vorbeigegangen, ohne sich ihrer Bedeutung und insbesondere des Aufrufs bewusst zu werden, Tätern ein ehrendes Gedenken zu bewahren.

Die Auswertung der Quellenlage ist eindeutig und unbestreitbar. Rund 400 analysierte Strafurteile, an denen die in den Lagern Mühlberg/Elbe und Buchenwald umgekommenen Strafrichter und Reichsanwälte mitwirkten, haben nicht nur die Brutalität der Rechtsprechung des Reichsgerichts in Strafsachen offengelegt.[1] Die Analyse hat gezeigt, dass die Strafrichter und Reichsanwälte, denen ehrendes Gedenken gezollt werden soll, Vollstrecker des nationalsozialistischen Terrorregimes waren. Ihre Biografie, die ich im Bundesarchiv in Lichterfelde über die dort vorhandenen Personalakten habe in Erfahrung bringen können, hat nicht offenbart, dass sie schon als Täter aufwuchsen.[2] Nur vereinzelt waren es Parteigenossen der ersten Stunde. Soweit Zeugnisse oder, vereinzelt, auch Klausurlösungen aus der Referendarzeit im Bundesarchiv einsehbar sind, zeugen diese lediglich von konservativer Gesinnung.

Es ist wichtig, die Illegitimität derer deutlich zu machen, die die Rechtfertigung ihres Handelns allein deshalb aus dem Gesetz abgeleitet haben, weil sie, auf welcher Grundlage auch immer, zur Auslegung dieses Gesetzes berufen waren. Die Zweifel an der Legitimität seines eigenen Handelns

---

1 Untersuchung zur Geschichte der Gedenktafel im Bundesgerichtshof von Vorwerk; Rechercheergebnisse und weitere Informationen abrufbar unter https://www.gedenktafel-im-bundesgerichtshof.de/, zuletzt abgerufen am 22.02.2023.

2 Vgl. dazu die Informationen zu den Lebensläufen der Reichsgerichtsräte und Vertreter der Reichsanwaltschaft, abrufbar unter https://www.gedenktafel-im-bundesgerichtshof.de/personen/, zuletzt abgerufen am 22.02.2023; ferner die im Bundesarchiv Berlin-Lichterfelde vorhandenen Personalakten.

belegt der mir aus dem näheren Umfeld bekannte Richter am Landgericht, dessen Abordnung an ein Kriegsgericht bevorstand, der sich dieser Aufgabe jedoch entzogen hat, in dem er sich freiwillig „an die Front meldete“ und dort umkam.[3]

Die Struktur der Täter wird nicht nur aus ihren Urteilen, vielmehr auch durch Fundstücke aus den noch vorhandenen Personalakten deutlich: Leipzig, den Sitz des Reichsgerichts, erreichten die alliierten Bombengeschwader. Zu dieser Zeit reichte einer, dessen Gedenken die Tafel einfordert, ein Urlaubsgesuch mit dem Ziel Oberbayern und der Begründung ein, das Bombardement habe ihm nervlich derart zugesetzt, dass er einen Erholungsurlaub benötige.[4] Der im Internet veröffentlichte Überblick[5] über die Urteile aus dieser Zeit zeigt ein Ansteigen der Todesurteile und Rückverweisungen der Sachen an die Strafkammer mit dem Hinweis, ein Todesurteil sei angezeigt.[6] Der Fahrrad-Diebstahl wurde zum Diebstahl kriegswichtigen Gerätes;[7] das Urteil entlarvt die Logik des Juristen: Liegt alles in Schutt und Asche, ist selbst das Streichholz kriegswichtig. Die Telefonleitung zum Reichsgericht war durch das Bombardement der Alliierten zum Wohnsitz des Vorsitzenden eines Senats zerstört. Er forderte sogleich die Erneuerung der Leitung.[8] Die Maschinerie des Terrors durch Urteil sollte in Gang gehalten werden.

Welcher Historiker getraut sich, dies auf einer erklärenden Tafel in der Nähe der Gedenktafel aufzuzeigen? Die hier offenbarten Details lassen nur erahnen, in welcher Hölle man versinkt, wenn man sich den Urteilen widmet, an denen die Strafrichter und Reichsanwälte mitgewirkt haben, für die Hermann Weinkauff, der erste Präsident des Bundesgerichtshofes, 1957

---

3 1940 an die Front gemeldet und im Februar 1942 in Russland gefallen.

4 Personalakte Reichsgericht Luschin, Hugo, Blatt 87, 89, Januar 1943 und März 1944, Bundesarchiv R 3002/ PA 556.

5 Vgl. dazu die tabellarische Darstellung unter https://www.gedenktafel-im-bundesgerichtshof.de/urteilliste.html, zuletzt abgerufen am 22.02.2023.

6 Vgl. dazu die tabellarische Darstellung unter https://www.gedenktafel-im-bundesgerichtshof.de/urteilliste.html, in der diese Urteile (Rückverweisung mit Hinweis auf Todesstrafe“) mit hellblauer Umrandung der Tabellenzelle markiert sind, zuletzt abgerufen am 22.02.2023.

7 RG, Urt. v. 15.06.1942- 3C 459/42, anonymisiert abrufbar unter https://gedenktafel-im-bundesgerichtshof.de/Urteile/Anonymisiert/1942_06_15-3_C_459-1942_anonym.pdf, zuletzt abgerufen am 21.02.2023.

8 Eingesehen in den im Bundesarchiv Berlin-Lichterfelde verwahrten Personalakten.

Ehrerbietung eingefordert hat;[9] Ehrerbietung auch für die Zivilrichter, die in den sowjetischen Lagern Mühlberg/Elbe und Buchenwald umgekommen sind. Auch sie sind, wie das von Roth erarbeitete Gutachten aufzeigt,[10] belastet. Ich selbst kenne jene Urteile nicht, da sich meine Forschung auf die Mitwirkung der Strafrichter und Reichsanwälte am Terror, jedenfalls bisher, beschränkt hat. Gleich welche Schuld Zivilrichter individuell auf sich geladen haben; sie waren Handlanger des NS-Regimes; und ich weigere mich, ihnen Ehrerbietung zu zollen, weil sie auf die Weise umgekommen sind, wie die russischen Kriegsgefangenen, die unter der Herrschaft des nationalsozialistischen Terrorregimes dort zusammengepfercht zu Tode gekommen sind. Es ist nicht das biblische Maß: Auge um Auge, Zahn um Zahn; es ist die Erkenntnis, dass Terror Terror bleibt.

Dann ist da noch der Blick des Hermann Weinkauff auf die Tafel. Derjenige, der die „Ahnentafeln" im ersten Stock des Palais, mithin die Bildnisse der porträtierten ehemaligen Präsidenten des Bundesgerichtshofes, arrangiert hat, lässt Weinkauff genüsslich auf die Gedenktafel blicken. Weinkauff hat die Tafel zwar nicht an der Stelle einmauern lassen, von der aus er sie heute ständig im Blick hat. Die Tafel ist von ihrem ursprünglichen Standort umgezogen in den ersten Stock des Palais. Anlässlich der Renovierung unter dem Präsidenten Geiß abgehängt und – wieder aufgehängt, wortlos. Die Tafel, die, ganz in der Nähe der Gedenktafel, alles erläutern soll, erfordert mithin auch den Platz für das zweite Kapitel. Das Kapitel, das die Nachkriegszeit erzählt. Dieses Kapitel könnte noch umfangreicher werden als das erste.

Von 1949 bis 1953 war Thomas Dehler, geboren am 14.12.1897, gestorben am 21.07.1967, Bundesminister der Justiz. Wikipedia berichtet, er sei in der NS-Zeit im liberalen Widerstand aktiv gewesen. Von 1945 bis 1947 leitete er die Generalstaatsanwaltschaft in Bamberg.[11] Ist er mithin unverdächtig? Was trieb ihn jedoch, in seiner Zeit als Bundesminister der Justiz mit Schaefer, dem damaligen Präsidenten des Oberlandesgerichts Bamberg

9 Vgl. Rede von Weinkauff zur Enthüllung der Gedenktafel am 24.10.1957, in NJW 1957, S. 1869; ferner Schaefer, DRiZ 1958, S. 249.

10 Kißener, Michael/Roth, Andreas, Rechercheberichtzur BGH-Gedenktafel über 34 in den NKWD-Lagern Mühlberg und Buchenwald zu Tode gekommener ehem. Reichsgerichtsräte und Reichsanwälte vom 31.10.2018.

11 Vgl. Wikipedia Eintrag, abrufbar unter https://de.wikipedia.org/wiki/Thomas_Dehler, zuletzt abgerufen am 22.02.2023.

und Nachfolger Weinkauffs in diesem Amt,[12] sich mitteilen und auch nachforschen zu lassen, welchen Tod jene Reichsgerichtsräte und Reichsanwälte in den sowjetischen Lagern Mühlberg/Elbe und Buchenwald erlitten haben? Schaefer war ebenfalls nach Inhaftierung durch den NKWD, dem sowjetischen Geheimdienst, der die „Säuberung" nach dem Rückzug der Amerikaner auf die Demarkationslinie in der sowjetischen Besatzungszone übernommen hatte,[13] in das Lager Mühlberg/Elbe eingeliefert worden. Er überlebte und führte mit Dehler laufend Korrespondenz über das Schicksal jener umgekommenen Reichsgerichtsräte und Reichsanwälte.[14] Parteimitglieder der FDP waren seinerzeit nicht nur unbelastete Kriegsheimkehrer, sondern auch in das NS-Regime Verstrickte, so dass der von Kißener in den Akten des Bundesgerichtshofes gefundene Hinweis,[15] die Witwen der 34 Reichsgerichtsräte und Reichsanwälte hätten nach einem Ort gesucht, an dem sie ihrer Trauer Ausdruck geben könnten, möglicherweise nur als Fährte anzusehen ist, die den politischen Hintergrund der „Aktion Gedenktafel" hat verwischen sollen. Welche Rolle haben die auf Dehler folgenden Justizminister Neumeyer[16], von Merkatz[17] und Schaefer[18] im Rahmen der „Aktion Gedenktafel" gespielt? Es verwundert ferner, dass keiner der auf Weinkauff folgenden Präsidenten des Bundesgerichtshofes die Gedenktafel mit dem Ziel hinterfragt hat, ob sie noch Platz im Gebäude des Bundesgerichts haben könne.

Das alles lässt sich nicht einfach mit den wenigen Worten erklären, die auf einer Hinweis-Tafel erläutern wollen und sollen, warum die Gedenktafel dort verblieben ist, wo sie auf Wunsch, wie Kißener berichtet, der Witwen eingemauert worden ist: im Palais, dem heutigen Hauptgebäude des Bundesgerichtshofes. Jene Witwen benötigen keinen Ort der Trauer

12 Vgl. dazu den Wikipedia Eintrag von August Schaefer, abrufbar unter https://de.wikipedia.org/wiki/August_Sch%C3%A4fer_(Richter), zuletzt abgerufen am 22.02.2023.

13 Vgl. dazu den Wikipedia Eintrag von August Schaefer, abrufbar unter https://de.wikipedia.org/wiki/August_Sch%C3%A4fer_(Richter), zuletzt abgerufen am 22.02.2023; Schaefer, DRiZ 1957, 249, 250.

14 Vgl. bspw. den Briefwechsel in der Personalakte von Francke, Richard, Bundesarchiv R 30001/ 56112, S. 3f; Briefwechsel in der Personalakte Brandenburg, Leo, Bundesarchiv R 3001 / 52512 S. 4.

15 Vgl. Kißener/Roth, Recherchebericht zur BGH-Gedenktafel über 34 in den NKWD-Lagern Mühlberg und Buchenwald zu Tode gekommener ehem. Reichsgerichtsräte und Reichsanwälte vom 31.10.2018, S. 3.

16 Amtszeit vom 20.10.1953 bis 16.10.1956.

17 Amtszeit vom 16.10.1956 bis 29.10.1957.

18 Amtszeit vom 29.10.1957 bis 14.11.1961

mehr; die Witwen sind verstorben. Waren sie der Grund für die Anbringung der Tafel, wird kein Historiker ernsthaft rechtfertigen können, warum die Tafel an der Stelle verbleiben soll, an der sie nach der Renovierung des Palais ab- und wiederaufgehängt worden ist. Als Ort des Gedenkens der Toten sowjetischen Terrors ist die Tafel denkbar ungeeignet. Das Gelände des Bundesgerichtshofes ist durch einen Doppelzaun gesichert. Besuchergruppen bedürfen der Anmeldung. Prozess-Parteien müssen sich ausweisen. Zur „Erinnerung an die Rechtsprechung in der Nachkriegszeit und deren NS-Gedankengut“ eignet sich die Tafel ebenfalls nicht. Ob es eine derartige Verstrickung gab, wenn ja, wie lange sie nachweisbar ist, ist bisher, warum weiß man wiederum nicht, nicht gründlich erforscht. Die Tafel als „Zeichen jener Zeit“ zu erhalten, ist unsinnig; wer schaut die Tafel an? In der Öffentlichkeit, für die Tafeln des Gedenkens gewidmet sind, hängt sie dort im Palais jedenfalls nicht.

Die Gedenktafel am Ort zu belassen, an dem sie eingemauert ist, führt in die Irre. Es ist mein Arbeitsplatz; der Ort, an dem mein Mandant sein Recht sucht. Es ist der Verhandlungssaal des VII. Zivilsenats, der laut Geschäftsverteilung im Wesentlichen für das private Baurecht zuständig ist. Neben dessen Eingangstür ist die Tafel eingemauert. Welche Gedanken bewegen wohl den Bürger, der in den Saal geht, in dem er in wenigen Minuten „sein Recht“ erfährt, wenn er die Tafel erblickt? Um die von den Historikern gewünschte Hinweis-Tafel zu studieren, verbleibt nicht die Zeit. Gleich, ob „sein Rechtsstreit“ gewonnen oder verloren wird, die Lebenswirklichkeit verdrängt die Idee, historische Erkenntnisse auf der Hinweis-Tafel zu studieren. In Erinnerung bleibt vielmehr die Tafel, die Gedenken an Handlanger des NS-Regimes einfordert. Zudem: Es gibt in unserer Gesellschaft zahlreiche Bürger, die absonderlichem rechtsgerichtetem Gedankengut frönen. Wollen wir es wagen, dass sie frohlocken? Dass sie die Tafel in ihrer Weise interpretieren? Kollegen berichten, dass ihre Mandanten in der Tafel ein Gedenken an die „von den Nazis umgebrachten jüdischen Richter und Reichsanwälte in Buchenwald“ sehen.[19] Diese Sicht liegt nahe. Das Lager Buchenwald ist mit NS-Gräueltaten verbunden. Wollen wir diesen Irrtum zulassen?

Seinerzeit, im März 2017, das ist sehr lange her, bat ich, die Gedenktafel mit einer Erläuterung zu versehen. Dennoch bleibe ich auch jetzt[20] dabei:

---

19 Gross, Erinnerungsorte des Bundesgerichtshofs, NJW 2015, 2936.

20 Diese Auffassung ist von Vorwerk erstmals vertreten worden in „Warum hängt diese Tafel noch im Bundesgerichtshof?“, in Die Zeit 7/2018 v. 08.02.2018.

Die Tafel muss weg. Die Bitte war geboren im Glauben, wir hätten alle dasselbe Wissen; und alle hätten ein von diesem Wissen beherrschtes Gewissen. Das Wissen betrifft das Handeln der Täter; das Gewissen verlangt die Beseitigung der Opfer wegen.

Schlussworte der Präsidentin des Bundesgerichtshofs[1]

Bettina Limperg

Meine sehr geehrten Damen und Herren an den Bildschirmen und im Saal,

hinter uns liegt ein kleiner Marathon an Eindrücken, Impulsen, innovativen Gedanken und klugen Einschätzungen. Ihrer aller BeraterInnenleistungen sind für mich von einem unschätzbaren Wert. Ich möchte mich deshalb bei allen Mitwirkenden an diesem Pult, bei den Teilnehmenden der Podiumsdiskussion und bei einem sehr engagierten Publikum in Präsenz und digital herzlich bedanken! Sie werden ganz wesentlich dazu beigetragen haben, wenn wir nun die weiteren Überlegungen und Schritte auf dem Weg einer Überarbeitung der Situation gehen werden. Auf einige von Ihnen werde ich mit Sicherheit noch einmal zugehen, um auch die anschließenden Entschlüsse nicht einsam zu treffen.

Bedanken möchte ich mich aber auch bei allen denjenigen, die diese Veranstaltung überhaupt erst möglich gemacht haben. Neben den Herren Kollegen Pamp und Dr. Fischer sind das Viele. Besonders erwähnen möchte ich die Leiterin unserer Öffentlichkeitsarbeit, Frau Antonia Mohn, die wissenschaftlichen Mitarbeiter Dr. Altgen und Dr. Yuen, meine Mitarbeiterinnen Frau Vondrasek und Frau Strietzel sowie Frau Birkholz-Bott, zahllose Wachtmeisterinnen und Wachtmeister, die den Raum hergerichtet und für viele Kleinigkeiten gesorgt haben, ebenso wie unseren Objektschutz, der uns einmal mehr eine sichere und konzentrierte Veranstaltung ermöglicht hat. Diesen und allen weiteren Unbenannten bitte ich einen letzten und warmen Applaus zu spenden, bevor ich Ihnen einen sicheren Heimweg und eine gute kommende Zeit wünsche.

Vielen Dank!

1 Das gesprochene Wort wurde für den Abdruck beibehalten.

Verzeichnis der Mitwirkenden

Vorträge:

Michael Kißener, Prof. Dr. phil.
Univ.-Prof. für Zeitgeschichte, Johannes Gutenberg-Universität Mainz, Fachbereich Geschichts- und Kulturwissenschaften

Andreas Roth, Prof. Dr. iur.
Lehrstuhl für Deutsche Rechtsgeschichte und Bürgerliches Recht, Johannes Gutenberg-Universität Mainz, Fachbereich Rechts- und Wirtschaftswissenschaften

Peter Steinbach, Prof. Dr. phil.
Wissenschaftlicher Leiter der Gedenkstätte Deutscher Widerstand, Berlin

Stefan Donth, Dr. phil.,
Leiter Strategie und Zeitzeugenarchiv sowie Vertretung des Vorstands in wissenschaftlichen Fragen, Stiftung Gedenkstätte Berlin-Hohenschönhausen, stv. Sprecher des Forschungsverbundes „Landschaften der Verfolgung"

Podiumsdiskussion:

Thomas Dreier, Prof. Dr. iur.; M.C.J. (New York University)
Leiter des Instituts für Informations- und Wirtschaftsrecht, Zentrum für angewandte Rechtswissenschaft, Karlsruher Institut für Technologie (KIT), und Honorarprofessor, Rechtswissenschaftliche Fakultät, Albert-Ludwigs-Universität, Freiburg i.Br.

Volkert Vorwerk, Prof. Dr. iur
Rechtsanwalt beim Bundesgerichtshof, Honorarprofessor an der Leibnitz-Universität Hannover, Institut für Prozessrecht und anwaltsorientierte Ausbildung

Edith Raim, Dr. phil. habil.
Lehrbeauftragte für Neuere und Neueste Geschichte, Universität Augsburg

Annette von der Heyde
Journalistin; Redakteurin und Autorin beim Zweiten Deutschen Fernsehen, Redaktion Zeitgeschichte

MIX
Papier | Fördert gute Waldnutzung
FSC® C083411

Kolibri 360 GmbH
Ferdinand-Jühlke-Straße 7
99095 Erfurt, Deutschland
produktsicherheit@kolibri360.de